巴 黎 夢 幻 自 助 婚 紗

Iris & Eddie
文・攝影

凝望蒙馬特愛牆、牽著我的手跨過愛情橋，在王子與公主的城堡說「我願意」……
將我們的愛情留在巴黎最浪漫的街道，讓此時此刻的幸福，融入永恒之中！

Photographer / Eddie Tu

推薦序 / 巴黎 美麗的藝術之都，浪漫的冒險旅程

　　關於巴黎，相信每個人都有過浪漫的想像，因緣際會，受熱情的朋友邀約，我何其幸運，來到巴黎拍攝婚紗。目不暇給的夢幻景點，一逛再逛，沒有一雙強健的雙腳，真的無法好好窺探美麗的巴黎。於是，那些天，我不是在拍攝婚紗，就是在逛美術館，或是無止盡地想多看這座美麗的城市一眼。在這全市幾乎都是古蹟，每個角落都有浪漫故事的花都，沒有一套好的自助旅遊計畫是不行的。

　　我想最重要的是選定走訪的主題，本書作者，一對勇於追求夢想的熱情夫婦，將他們專研許久的親身冒險經歷撰寫成書，佩服他們的勇氣，更讚嘆他們將夢想實踐的執行力。巴黎，是段遙遠的旅途，自助旅行有相當多的細節需要去注意，本書提供不少實用的經驗談，讓有勇氣去追逐夢想的人，有一道可以依循的目標去實踐。

　　美好的旅程，是靠自己的雙腳走出來的，鼓起勇氣，讓我們一同去追逐浪漫之都的美麗倩影，讓這趟旅程為幸福留下最甜蜜的回憶。

影像藝術家　張哲榕（西恩 sim.tw）

作者序 | 人會因夢想，而創造永恆的價值！

　　到巴黎拍婚紗一直是我的夢想，也是心目中期待已久的事。25 歲那年，飛越到人生地不熟的南半球，展開全新的生活方式，雙手拖著一只行李箱走訪澳大利亞，開始了夢想的前奏曲。

　　旅途的過程中，想法及語言上的挫折，讓我們學習到如何堅強。曾經流浪到最後，我們只能以天色為光，以車為庇護所，過著有一餐沒一餐的生活，持續了好幾個禮拜，直到一個契機的出現，我們把握住三份工廠的工作機會，重新穩定接下來的生活。從白天到夜晚努力籌措旅費，結交新的同事朋友，而澳洲人天性樂觀的個性，帶來了新的想法與思維，適時適地的協調與溝通，讓我放下不少對於種族的成見，也讓我滿心期待未來的旅程。

　　利用工作之餘參與社交，因此我們很快學習到西方文化禮儀，用澳洲的生活經驗，規劃接下來環遊歐洲夢想，並計畫安排巴黎蜜月與婚禮拍攝事項。在經由半年的提前準備，使得我們全部以接近半價的方式，訂好所有的住宿、交通及機票！我也相信，這趟奇幻之旅的展開，是為自己的夢想而存在，就像當初說走就走放下穩定的工作，和另一半一起展開冒險；最後希望藉由這本書的完成，能夠帶給讀者新的方式與捷徑，經過一點一滴的累積改變，只要你相信，終究會完成夢想！

Iris

作者序 / 心靈的人生饗宴

"If you are lucky enough to have lived in Paris as a young man, then wherever you go for the rest of your life, it stays with you, for Paris is a moveable feast."

— Hemingway, 1950

如果你有幸在年輕時待過巴黎，那麼她將永遠跟隨著你，因為巴黎是一席流動的饗宴。

—海明威寫給友人，於 1950 年

巴黎，就如同海明威所描述般，是一場完美的人生饗宴，她帶給人們心靈上的富足是如此的豐盛。剛抵達巴黎的心情，隨著陰晴不定的氣候，很擔心會拍不出好照片。不過在場勘完婚禮預訂地之後，漸漸地浪漫因子湧起，已經在內心激盪開來。能在這拍婚紗照是我結婚的夢想，巴黎的美如此絢麗奪目，婚禮時人們的擁抱祝福，找我們拍紀念照，甚至遇到下毛毛細雨時，還怕女方妝容花掉，熱情替我們撐傘遮雨，都讓身處異地的我們內心充滿無限幸福。

　　「Bon Voyage！」經常出現在巴黎街道，對於熱愛旅行的背包客來說再熟悉不過的廣告用語。漫步於巴黎的街道建築，任何一點的裝飾品都會讓人感到無限驚奇，法國人對於美的要求已深植在生活中，就像法式甜點美食如此令人著迷，他們對味蕾的獨特美學近乎偏執，因此無論是哪個國家的人，都能在這裡發現新的想法，甚至是新的態度。華麗的外表下，巴黎存在著另一面的現實生活，地鐵的忙碌髒亂，讓我回想到當初在澳洲生活，對於工作所期待的美好想像，雙腳力行過才會覺得實際，幸運的是，努力用時間換來的成果，終於能有所實現！

　　巴黎這個城市，你越是了解她越會愛上她！其實懶散又有個性的巴黎人非常懂得享受生活，富有幽默風趣的一面，迷路或是需要協助時，就算是不會英文的花店老闆娘，也會努力跟我們比手畫腳溝通，還請隔壁懂英文的店家來幫忙，走在路上也總會遇到熱情的巴黎人問候。

　　在經過長達 90 天的環歐冒險後，將最愛的影像記錄匯集成冊，希望藉由這本書的推廣分享我們的經驗，提供大家最實用的旅遊資訊，滿心期待喜愛旅遊的讀者，也能擁有永生難忘的巴黎饗宴！

Eddie

CONTENTS

夢幻的法式婚禮

對於愛情，年是什麼？既是分鐘，又是世紀。說
它是分鐘，是因為在愛情的甜蜜之中，它又像閃
電一般瞬息即逝；如果說它是世紀，是因為它在
我們身上建造了生命之後的幸福永生。

－法國浪漫主義文豪　維克多‧雨果（Victor Hugo）

關 於 婚 禮

「跟我一起私奔到巴黎好嗎？」

一生一次的婚禮，就這麼鼓起勇氣決定了！女孩內心雀躍不已，滿心期待能在海外拍婚紗及度蜜月。

到過巴黎的人，一定都會無條件的愛上這個城市，在這裡充滿美麗與幻想，是一個時尚奢華之都。人們瘋狂地愛上她的浪漫，愛上她的時尚，愛上她的文化；市區裡慵懶的喝咖啡，漫步地悠遊塞納河（La Seine）畔，欣賞街頭藝人的表演，到處充滿著藝術的氛圍。

超 省 錢 的 自 助 婚 紗 蜜 月 安 排

愛情的甜蜜稍縱即逝，但是如何給女孩多點浪漫又與眾不同呢？每個女孩心中都期待一場刻骨銘心的愛情，夢想能在海外拍攝美麗的婚紗，漫步時尚的街道⋯⋯可是光想到要如何安排和計畫，往往都會覺得很繁瑣；在臺灣傳統的文化習俗裡，大部分的人都是先結婚之後再蜜月，也因此，光是辦完傳統習俗後，就沒有多餘的時間和心力去好好度蜜月了！

不過，若能結合婚紗攝影和蜜月旅行，不但可省下一趟出國費用，先預訂蜜月婚紗的交通住宿，再定好回臺宴客的飯店，除了可享有眾多飯店及交通的早鳥優惠，又可以擁有令人稱羨的海外婚紗照。

自 助 婚 紗 規 劃 Step by Step

其實在巴黎自助拍婚紗沒有想像中困難，而且可以很精打細算，從訂機票到住宿旅遊，從攝影師、找民宿、租借婚紗、試妝、到花店製作專屬捧花，甚至婚禮道具，時間全部自己安排！

貼心小提示

作者將海外婚紗照運用在喜帖設計，讓巴黎美好的回憶，藉由美麗的喜帖傳達給所有摯愛的親友，一同為我們獻上祝福。

六個月前

- ☐ 蒐集旅遊情報：決定在哪拍婚紗、度蜜月了嗎？開始蒐集相關資訊，安排自己的旅遊行程。
- ☐ 找婚紗蜜月團隊洽詢：假如決定找婚紗團隊合作，可當面溝通討論或事先預約行程，利用團隊資源省下自己安排尋找的時間。
- ☐ 預訂婚禮場地：想在教堂舉行紀念婚禮？或在海外拍攝婚紗？可先定好舉行回臺宴客的地點，等婚紗蜜月拍攝完後，再善用浪漫的照片來設計婚禮小物吧！

三個月前

- ☐ 購買機票：確定好目的地後，趕快購買飛機票吧！建議選擇有時間彈性的機票，或是趁早規劃搶到便宜的優惠票。（P024）
- ☐ 住宿交通：決定好機票和大致的行程後，就可以依照時間、預算找適合的民宿或是飯店。（P087）

□ 禮服購買或租借：想要白紗或小禮服呢？一場浪漫的海外婚禮，不可缺少的就是美麗的婚紗，可尋找海外禮服的公司，或是有租借禮服的海外婚紗團隊。（P068）

兩個月前

□ 擬定拍攝行程：選擇浪漫的巴黎街道？或是郊區的城堡宮殿？新人決定好時間與預算，就趕快與攝影師溝通流程，安排各景點拍攝的時間吧！（P060）

□ 準備婚禮小物及道具：若是有想要的拍攝需求，可提早準備好或是研究當地的文化特色，創造出獨特的婚紗風格！（P048）

作者為婚禮所準備的法式羽毛頭飾

兩周內

□ 查詢當地氣候：婚紗拍攝最重要的就是天氣，需要準備多少的衣服，提早確定天氣狀況，適時的調配行程可讓婚紗拍得更加順利。

□ 旅遊金及保險：在國外旅遊可事先準備好提款卡及信用卡，可趁匯率低準備好歐元或各國貨幣。辦好旅遊保險可讓自己多一份安心。（P020）

□ 手機通信：臺灣手機可在法國當地漫遊，若是 5 天以上的行程，建議購買當地 SIM 卡省下漫遊費用。（P016）

□ 準備衣物行李：確認所需衣服物品，別忘了攜帶支援電壓（220V）的電氣用品及符合歐洲規格雙腳圓型的轉接插座喔！

1&2 法國插頭（圖片由 Benj 提供）
3 法國插座（圖片由 Benj 提供）

1　2　3

法國氣象局：france.meteofrance.com
可從法國氣象局了解當地即時氣候資訊、日出日落時間、未來一周氣候分析、UV 指數等。

Accuweather 世界氣象：www.accuweather.com
有中文介面，能詳細查詢各國即時天氣、日出日落時間，更可預測未來一個月的天氣概況，
非常實用！

旅遊時機

　　一場完美的海外婚禮須考慮什麼呢？首先要設想整體旅遊行程，包括婚禮舉行的季節氣候、旅行天數、預算耗費等事宜。在選擇婚禮旅遊的季節尤其重要，除了要避開歐洲的梅雨季節之外，氣候因素也會影響婚紗拍攝，巴黎屬於溫帶海洋性氣候，春、秋兩季最宜人，最適合的旅遊季節是 4 到 9 月，建議挑選旺季前後最為理想。

　　趕快開始擬定計畫吧！優惠票價通常不等人，先處理好飛機車票等問題，而且最好於半年前就開始規劃進行，試著了解東西方禮俗，才能明白要舉行何種婚禮儀式，要在怎樣的景點舉行婚禮，或是婚紗的風格樣式。多看攝影師作品可以激發出不同的概念想法，這些細節因素都可在腦海裡先構想，拍攝景點的環境因素都將影響婚紗的整體視覺。

行前準備
準備證件

　　一般出國需要辦簽證，不過由於法國及大部分歐盟國家已經開放持有效臺灣護照免簽優惠，自 2011 年 1 月開始，國人前往歐洲 35 個國家和地區，可於辦理期效 6 個月內停留 90 天入境免簽證待遇；詳情可至「外交部領事事務局」（www.boca.gov.tw）→「簽證」查詢。

護照

　　旅客進出各國必須持有護照，才能證明國籍與身分，另外在海外辦理住宿、申請國外手機 SIM 卡，也都必須出示護照。首次申辦護照須親至外交部領事事務局，準備文件如下：
- 申請書一式二聯一份，請至外交部領事事務局下載填寫
- 國民身分證正反影本兩份，黏貼於申請書上
- 照片兩張（彩色兩吋光面照片，正面半身不戴帽於三個月內拍攝，請勿著軍警制服或戴墨鏡）
- 國民身分證正本。14 歲以下未領身分證者，附戶口名簿或最近三個月內戶籍謄本一份
- 護照規費：臺幣 1,300 元（依最新公布費用為準）

info

外交部領事事務局各辦事處

地址：臺北市中正區濟南路 1 段 2 之 2 號
　　　3~5 樓
總機：（02）2343-2888
傳真：（02）2343-2968

地址：臺中市南屯區黎明路 2 段 503 號 1 樓
總機：（04）2251-0799
傳真：（04）2251-0700

地址：高雄市前金區成功一路 436 號 2 樓
總機：（07）211- 0605
傳真：（07）211- 0704

地址：花蓮縣花蓮市中山路 371 號 6 樓
總機：（03）833-1041
傳真：（03）833-0970

國際駕照

　　法國承認臺灣頒發的國際駕照，臺灣人持國際駕照，並搭配臺灣駕照正本可在法國當地租車。欲辦理國際駕照請至全臺各地的監理站及監理所（www.thb.gov.tw）；準備文件如下：

- 身分證或軍人身分證正本
- 中華民國護照正本
- 本人最近 6 個月內拍攝之正面半身 2 吋照片 2 張
- 汽（機）車駕駛人審驗暨各項異動登記書，請至監理站或各公路監理簡易服務站索取空白書表，或網站下載 PDF 檔填寫
- 與護照相同的英文姓名
- 國際駕照規費：臺幣 250 元（依最新公布費用為準）

旅遊保險

　　海外的旅遊保險種類很多，主要分為強制保險和自願保險兩種。

　　強制保險通常為分為旅遊險、旅行業契約責任險。民眾利用信用卡刷卡購買機票所附贈的保險，我們稱之「旅遊險」，通常這些保障只限於飛安險，也就是說只有在搭乘飛機及部分交通工具發生意外時，才提供理賠保障。而旅行業契約責任險為旅行社依旅行契約，提供旅客旅遊全程之意外險及醫療險。自願保險是為出國前自費投保的保險，又可稱為旅遊平安險，主要分為信用卡保險、意外險、意外醫療險，或是疾病醫療等種類。是為了保障被保險人，於國內外旅行途中可能發生的種種意外傷害事故，得以由保險公司依照契約的約定給付保險金。

　　信用卡保險一般提供的旅遊不便險，是刷卡消費所附贈的保險，通常是指班機延誤、行李延誤及行李遺失之費用給付，有些則另加上劫機險、文件遺失費用給付及行程縮短損失給付，只要持卡人以有效之信用卡刷卡支付八成以上（有些信用卡要求全額支付）團費或公共運輸工具票款者。意外險為一般出國旅遊，保障海外交通事故等賠償補助，而額度可依照自己想要的投保額度購買（如 100 萬額度）。意外醫療險和疾病醫療險則指在海外因受傷而住院時的保險補助，通常按各種醫療層級比例來賠償。

　　若出國來不及準備保險，通常機場皆有保險公司設櫃，為求旅遊多份安心，不妨花個幾分鐘的時間為自己或家人買個保險吧！

手機通訊

　　國內申辦的 3G 手機只要透過電信業者開通設定都可在國外漫遊使用，但通常漫遊費用都很高，如需要大量撥打長途電話，建議可購買國際電話易付卡，臺灣的中華電信門市大部分皆有販售。另外，若旅遊停留時間長，需要撥打法國當地電話，也要使用大量上網流量數據，可於法國當地購買手機易付卡，像是法國最大電信公司 Orange、SFR 公司或是歐洲市占率非常高的 Vodafone、Lebara 等電信，一般易付卡售價為 25 歐元左右，基本都有 500MB 以上的流量，也可購買額外上網數據，方案價格為 10 至 20 歐元不等。

法國 Orange 電信申辦處

行前物品 Check List

　　整理行李前，記得查詢當地的氣候資訊，建議至少準備一個貼身安全的包包，裡面可存放重要的證件和資料，以備不時之需。本書特別提供蜜月旅行和婚禮用品清單，讓新人可以好好籌備婚紗拍攝及國外旅遊事宜。

必備隨身物品（證件、資料類）

☐ 貼身防搶包
☐ 機票、車票（電子票券建議上傳網路信箱或雲端備份）
☐ 護照（有效期限超過六個月）、簽證
☐ 國際駕照
☐ 備用護照上照片（2 張）
☐ 外幣（歐元）
☐ 旅行支票
☐ 信用卡、金融卡（申請海外提款帳戶）
☐ 護照及其他證件影本（可上傳網路信箱或雲端備份）
☐ 緊急聯絡電話（住宿、國外親友、信用卡掛失）
☐ 國際電話卡

行李箱（衣物、用具類）

☐ 個人衣物（貼身衣物＿＿＿套、上衣＿＿＿件、褲子＿＿＿件、襪子＿＿＿雙）

☐ 外套、防寒衣物

☐ 雨傘、太陽眼鏡、防晒油

☐ 塑膠袋（可裝換洗衣服）

☐ 盥洗用品（刮鬍刀、牙刷、毛巾）

☐ 個人化妝、保養用品（若攜帶登機，請分開裝不超過 100ml）

☐ 生理用品

☐ 安眠眼罩、耳罩

☐ 隱形眼鏡

☐ 眼藥水、人工淚液

☐ 個人藥品（止痛藥、安眠藥、胃乳）

☐ 手機和充電器

☐ USB 充電器和傳輸線

☐ 相機和充電器

☐ 備用記憶卡和電池

☐ 筆電和充電器

☐ 插座轉換器

☐ 筆記本、字典、相關書籍

貼 心 小 提 示

巴黎人多，治安難免不好，不建議隨處拿著手機查詢資訊，規劃奻的行程盡量列印成紙本參考。若在語言方面有問題可先將法文翻譯好，遇到任何可疑人士應盡量避開，以求自身安全！

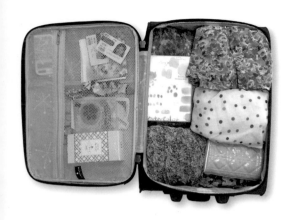

蜜月旅行及婚禮用品

- ☐ 旅遊行程表
- ☐ 婚禮仲介、教堂資料
- ☐ 臺灣結婚證書、譯本
- ☐ 相機腳架（請放行李箱託運）
- ☐ 婚禮拍攝道具
- ☐ 禮服西裝
- ☐ 個人配件（項鍊頭飾、高跟鞋、皮鞋、皮帶）
- ☐ 禮品採購清單
- ☐ 隱形內衣
- ☐ 明信片寄送地址

貨幣與卡片

歐元貨幣

　　自 1999 年 1 月 1 日起，法國和其他 11 個歐洲國家共同使用歐元（Euro），並在 2002 年初正式開始使用歐元硬幣和紙幣，完全取代之前的法郎。法國為歐盟會員國的旅遊重地，歐元以符號「€」代表，1 歐元等於 100 分（cent）。

　　歐元紙鈔面額分為 5、10、20、50、100、200 及 500，各種紙鈔的大小顏色都不一樣。€5、€10、€20 為最常使用流通的面額，一般商家或攤販均可找零使用，而 €50 以上的面額較不易找零、使用。另外，歐元硬幣共有 8 種，2、1、0.5（50 分）、0.2（20 分）、0.1（10 分）、0.05（5 分）、0.02（2 分）及 0.01（1 分）。

銀行換匯

網路銀行

　　臺灣銀行及兆豐銀行最近推出「線上結購」機制，有出國旅遊需求的民眾簡單在網路上預訂外幣現鈔，就可於任何分行或機場處提領，而且提供了 16 種以上的貨幣選擇。

臺灣銀行：fctc.bot.com.tw

- 換匯優惠：購買外幣現鈔無手續費；購買美金旅行支票 600 元（含）以上，2014 年底前贈送面額 100 元國際電話卡
- 金額限制：每人每日申購不得超過臺幣 50 萬
- 申購次數：當日累積申購未繳款以同一幣別 1 筆，不同幣別最多 6 筆為限
- 付款方式：網路銀行、網路或實體 ATM（2 小時內）
- 領取：繳款完成後，須攜帶身分證或護照至分行或機場領取

兆豐銀行：www.megabank.com.tw

- 換匯優惠：購買外幣現鈔無手續費（除本行信用卡外）；購買美金旅行支票 600 元（含）以上，2014 年底前贈送面額 100 元國際電話卡
- 金額限制：每人每日申購不得超過臺幣 50 萬。旅行支票每人每日臨櫃及網路合購金額上限為等值美元 25,000 元
- 申購次數：每次下單以一次為限，完成繳款才可再繼續下單訂購
- 付款方式：網路銀行、網路或實體 ATM（2 小時內）
- 領取：繳款完成後，須攜帶身分證或護照至分行或機場領取

臺灣銀行網頁　　　　　　　　　　　兆豐銀行網頁

1~3 機場換匯櫃檯（圖片由 Michelle Pan 提供）

機場換匯

在臺灣的國際機場內，大部分銀行皆提供外幣兌換、匯款及存款等業務，也設有外幣換匯處及 ATM 櫃檯，不過機場會酌收臺幣 100 元的手續費，建議平日事先去國內銀行換匯會比較划算。

旅 行 支 票

旅行支票，簡稱旅支（Traveler's Cheque），美國運通（American Express）為目前最大發行銀行。旅支屬於預先印刷的、固定金額的支票，遺失可在旅遊當地補發，支票只限本人能使用，提供的匯率較吸引人。但法國當地商家很少收取旅支，必須事先到銀行兌換成現金，每家所提供的匯率及手續費都不太一樣，有些時候較容易受地區所限制，且有接受旅行支票的地方，大部分其實也都有接受信用卡或提供提款卡服務。

如何使用？

可到銀行或網路申購旅行支票，拿到旅行支票時記得在上方欄位簽名，可在法國當地銀行、郵局或換匯處換成現金使用，兌換高面額的旅支須出示護照，而每家收取的手續費都不盡相同。當場使用的時候，再於下方欄位簽名，須跟護照上的簽名一樣。

遺失如何補發？

　　當發現旅行支票遺失時，請立刻撥打全球各服務中心電話報失，通常可選擇離你最近的銀行補發。申請補發時請提供護照、遺失支票的序號、面額、旅支所購買的地點、日期、遺失場所等資訊。建議將旅行支票的票號記錄與旅行支票分開存放，並且保持使用時將票號記下的習慣，以利之後銀行補發。

1~3 小額消費以現金為主

信用卡消費

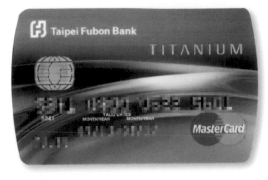

　　歐洲國家習慣小額消費以現金作支付，超過 10 歐元左右即可使用信用卡，建議到歐盟國家除了要先準備歐元現金外，多帶幾張信用卡和金融卡，等需要時再提領現金，除可分散失竊風險之外，退稅時商家或百貨公司也比較方便刷退。

　　巴黎市區使用信用卡非常普遍，大部分商家、便利商店、菸酒店、咖啡廳或是餐廳都有支援。不過信用卡有分磁條卡跟晶片卡，當地大部分地鐵或車站的售票機都不太能支援亞洲國家信用卡，大都屬晶片系統扣款，使用機器買票時必須是晶片卡；只有車站櫃檯才接受磁條卡。

　　申辦信用卡時，建議使用國際間通用的晶片信用卡較為方便。金融提款卡最好是申辦萬國帳戶，事先相互作好指定帳戶的連結，就可輕鬆地在海外將貨幣轉入轉出。另外，有時候刷卡時會要求輸入四位數字的密碼（Pin Code）取代簽名，可以輸入預借現金密碼或是要求店員使用簽名方式代替。出國前可於銀行申請海外跨國提款和預借現金服務，並設定好四位數密碼，各家銀行所收的手續費、利息、金額上限方式都不一樣，最好先詢問發卡銀行，以備出國提領或預借現金使用。

1~2 可詢問商家是否能使用信用卡

購買機票

飛往巴黎班機需要 12 至 14 小時，飛行時間很長而且會很疲倦，來回的旅行時間就已經花掉一天，大部分的人會想省錢而多轉幾次機，但不建議這種為節省旅費的長途飛行方式，花時間等待轉機將大大犧牲掉旅遊的時間及體力。

另一方面，雖然前往歐洲線的航空公司不勝枚舉，建議為了要有好的旅遊品質，要看清楚票種規定，萬一旅行有變化，盡量選擇能彈性更改日期的飛機票，以及詳細看清楚行李攜帶的限制。一般廉價航空公司為節省燃料，會縮減旅客的座位空間和限制行李箱攜帶的重量，要增加額外行李的話，航空公司會要求支付行李費用。

旅行社代訂

新人若是想在海外蜜月旅行，常會因歐洲語言不通和交通複雜而感到困擾，因此建議找專業的旅行社安排機票交通，除了提供旅遊包車及翻譯服務，更可量身打造專屬的私人行程，節省下不少時間及體力，好好享受難得的出國樂趣！

機票比價

一般找飛機票可以透過訂票網站、旅行社和航空公司。建議如果沒時間進行比價的話，可以直接找信任的旅行社幫你安排細節。另外，現今知名的旅遊網站都有提供手機 App 應用程式，非常方便，只須經過簡單的設定就可找出各家便宜的飛機票。

info

比價網站

Funtime：www.funtime.com.tw
背包客棧：www.backpackers.com.tw
Skyscanner：www.skyscanner.com.tw
易遊網：www.eztravel.com.tw

航空公司

　　各大航空公司網站也都提供網路訂票服務，只要透過比對的方式，就能找出符合的航班機票。長途旅行可選擇信譽良好的航空公司，會比搭廉價航空來得舒適。另外，各大航空公司的機加酒專案，不定時也會推出非常優惠的價格。

- 長榮航空 [臺灣（桃園）直飛巴黎]：www.evaair.com.tw
- 國泰航空 [臺灣（桃園）→香港→巴黎]：www.cathaypacific.com.tw
- 荷蘭航空 [臺灣（桃園）→阿姆斯特丹→巴黎]：www.klm.com/travel/tw_tw
- 英國航空 [臺灣（桃園）→香港→倫敦→巴黎]：www.britishairways.com
- 馬來西亞航空 [臺灣（桃園）→吉隆坡→巴黎]：www.malaysiaairlines.com
- 泰國航空 [臺灣（桃園）→曼谷→巴黎]：www.thaiairways.com.tw
- 越南航空 [臺灣（桃園）→胡志明市／河內→巴黎]：www.vietnamairlines.com

轉機停留

　　除直飛航班外，航空公司部分航班沒有轉機限制，因此只要擁有轉機國的簽證或是當地屬免簽的國家，就可利用轉機停留的時間作旅遊安排，通常所增加費用為臺幣 3,000 至 5,000 元，一來可省下不少機票費用，又可順道遊玩其他國家，建議與航空公司或旅行社諮詢相關規定。

chapter 2

結婚大典

海外婚禮是否就代表可以取得當地法律認可的結婚證書？雖有儀式證明，但由於是在不同國家、地區，對非本國人的婚姻效力認可也會不一樣，很多時候是不具結婚效力的；除了異國聯姻外，申請管道程序也會因爲耗時而打消了念頭。因此國外婚禮多半是象徵性意義，新人回臺後仍須辦理結婚登記。

圖片由 Grandes Etapes Françaises 提供

婚禮儀式

天主教

　　法國雖為傳統天主教大國，且天主教徒占人口總數一半以上，但在法國要用天主教儀式結婚，卻是過程及手續皆相當繁複且嚴謹。想要舉辦一個天主教婚禮，新人必須都已接受洗禮，且都是天主教徒，並已完成民間結婚登記；最好在一年前提早安排，因為通常夏季婚禮旺季很多人結婚。在臺申請證明文件與法文譯本後，與法國當地教堂神父洽談、安排所有結婚儀式，神父除了會跟新人會面討論外，並會親自撰寫主禱文及婚禮證書以祝福新人。

info

相關網站查詢

臺灣心法國情 Les couples franco-taiwanaïs : www.francotaiwanais.com

結婚儀式（圖片由 Michelle Chang 提供）

基督教

　　基督徒占法國總人口的 5% 左右，過去和天主教相同，想用基督教儀式成婚，新人至少有一方必須是教徒；但相較於保守的天主教，基督教會思想開放不少，現在已經不太要求了，漸漸接受需要祝福的所有人，非基督徒也可舉行婚禮，或當場受洗再安排相關儀式。

　　向教堂或城堡申請場地會收 800 至 1,200 歐元不等的捐獻費，包含結婚證書、牧師及管樂手的薪酬。基督教堂雖然開放給所有基督徒和非信徒，但新人想在教堂舉行西式婚禮，還是應該先明白教會規定，主動聯繫教堂，了解相關程序；如在教堂舉行婚禮，需先完成民間結婚登記，申請證明文件與法文譯本後，再和法國當地負責牧師預訂婚禮日期。

象徵性紀念儀式

　　所謂的象徵性婚禮，指的是婚禮儀式與宗教無關，結婚證書也沒有經過政府單位驗證及認證的程序，所以是不具法律效力的，男女雙方若不是已經在本國辦理登記，就是回國之後還要依規定辦理登記。在此介紹一些法國證婚企劃公司：

• 主禮人在法國 Celebrants in France：celebrantsinfrance.co.uk
• 巴黎婚禮見證 Wedding Celebrant Paris：weddingcelebrantparis.com
• 法式婚禮證婚 French Grey Events：frenchgreyevents.com
• 法式優雅婚禮企劃 Elegance-in-france：elegance-in-france.com

婚禮主題

只要談到法國浪漫主題景點，光是優雅的氣質就足以讓任何人傾倒，每個女孩的夢想旅行都有巴黎。而提到文化藝術的代表城市，那一定就是風靡世界的巴黎獨特法式品味，她也成為時尚的精神指標，而大多數的人都會聯想到巴黎精緻的法式甜品、蒙馬特的街頭藝術、普羅旺斯紫色的薰衣草田、羅亞爾河（Vallée de la Loire）的浪漫城堡之旅等……。

在巴黎適合舉辦一場象徵性的婚禮儀式，可以選擇的場地不在少數，光是巴黎市區就有眾多的教會或教堂可舉行西式婚禮，比方說裝潢典雅氣派的路易十六紀念教堂（Chapelle Expiatoire），或受人喜愛的的美國教會（American Church），甚至是風景壯麗的聖心堂（Basilique du Sacre-Coeur）廣場花園。邊拍婚紗邊漫步在巴黎市區，或相擁在巴黎鐵塔下的戰神公園（Park Champ de Mars）、悠閒地坐在塞納河畔，或是將兩人的愛情牢牢鎖在愛情橋上，幾乎只要是巴黎，任何角落都是超級浪漫的地方。

另外，預算充足的話，可選擇在經典城堡或葡萄莊園舉行婚禮；或者，找間漂亮的酒店，與賓客共度一場輕鬆愉快的婚禮，還可以在景色優美的海灘上拍攝婚紗照，或是搭乘熱氣球、直升機俯瞰法國美景，營造出不同於一般婚禮的獨特巧思。

巴黎市區

法國首都巴黎是深具歷史意義、精緻迷人的藝術、文化、時尚之都。若想要在市區規劃婚禮，可利用巴黎各景點，或者是包船在塞納河上浪漫舉行，在此介紹市區精選的婚禮主題。

鐵塔下的愛情宣言

只要提起法國巴黎，就馬上讓人聯想到巴黎鐵塔（La Tour Eiffel），巴黎鐵塔和紐約的帝國大廈、東京鐵塔同被譽為世界三大建築代表，為屹立不搖的經典地標。

以巴黎鐵塔為主題的浪漫婚禮，新人在鐵塔下互相許下承諾，是很多女孩曾經幻想過的浪漫情景，像是童話般光彩奪目。不過想要體驗巴黎市區的浪漫風情，最適合的登塔時段莫過於接近黃昏時，可同時欣賞白天與夜晚兩種不一樣的景色。另外，鐵塔西側

的夏洛特宮（Palais de Chaillot）是法國的著名人文景觀，從廣場可拍攝到對面的巴黎鐵塔，是欣賞鐵塔最為壯觀的景色之一，因此成為拍攝鐵塔的熱門首選。

info

巴黎鐵塔（P133）
婚禮建議：可從夏洛特宮或戰神廣場拍攝鐵塔。夏洛特宮人潮較多，紀念婚禮可選在戰神廣場舉行

塞納河畔的婚禮

　　著名的塞納河流經巴黎市區，是巴黎市的代表河流，源自法國東部向西流，流域地勢平坦、水流行徑緩慢，非常利於船隻航行。巴黎市中心的河道主要以人工石砌成河堤，在塞納河兩岸有許多宏偉壯觀的建築物，也將兩岸劃分為擁有獨特建築與歷史人文景觀的區域。法國人依照河水的流向將塞納河北岸稱作右岸，南岸稱為左岸；右岸一直以來不斷發展，成為巴黎主要的商區與經濟核心，左岸則有著名的特色餐廳、咖啡店及羅馬拉丁文化區，各具不同的人文風格。

　　白天搭船旅遊從塞納河上遊走巴黎，有走在街道上所無法體驗的浪漫，橋墩下的任何角度與感覺印象也都不盡相同，眾人一邊享受片刻的寧靜與浪漫，一邊瀏覽兩岸經典建築，隨著河水悠遊行駛，船身任憑塞納河水自由流走，眼前所到之處的名勝古蹟，如巴黎鐵塔、聖母院（Notre Dame Cathedral）、亞歷山大三世橋（Pont Alexandre III）、羅浮宮（Musée du Louvre）、奧塞美術館（Musée d'Orsay）等……無不令人陶醉；黃昏時分，金黃色的垂簾籠罩整個塞納河畔，絢麗氣氛更讓人難以忘懷，乘著豪華浪漫的旅遊船，在巴黎塞納河上的頂級享受，體驗一生只有一次的浪漫婚禮！

　　到了夜晚，換上漂亮的晚禮服，在浪漫的船上晚餐，船上有私人小型樂隊，舞池燈光照耀著華麗的透明船身，路燈閃爍著兩岸邊的建築物和商家，精緻的法式餐點加上葡萄美酒，與曼妙的巴黎鐵塔形成了如詩如畫的景色，伴隨著遊船上歌手及樂隊悠揚動人的歌聲……這樣浪漫且奢華貴族般的享受，一生中也許不太能有，是該讓自己放空，沉靜在月色裡，與夢幻的夜巴黎共舞吧！

　　塞納河最早開始有遊船是 1867 年為萬國博覽會所行駛。在此介紹幾間較有名的遊船公司；各家遊船公司大都有中英文介面網站和語音導覽服務，可上網預訂婚禮包船的私人行程。另外，高級餐船則供應午餐或晚餐，但是價格不菲，旺季人多還須提早預訂！

遊船巴士　Batobus

　　為巴黎大眾的遊船巴士公司，提供公司及個人包船服務，第一個小時 1,800 歐元起，每增加一小時為 990 歐元。旅遊票券無來回和停靠次數的限制，一日票成人 15 歐元，16 歲以下 7 歐元；兩日票成人 18 歐元，16 歲以下 9 歐元；3 歲以下免費，如有當地學生證或 Navigo 卡只要 9 歐元。

• 網址：www.batobus.com

遊船巴士

蒼蠅船　Bateaux Mouches

　　蒼蠅遊船是歷史比較悠久的遊船公司，提供公司及個人婚禮包船服務。而一般民眾搭船旅遊還提供 App 中文導覽介紹。票價成人 13.5 歐元，12 歲以下 5.5 歐元，4 歲以下免費，20 人以上團體 7.7 歐元。另提供用餐的旅遊船，中午用餐為 55 歐元起，晚上用餐為 99 歐元起。

• 網址：www.bateaux-mouches.fr

蒼蠅船

巴黎人遊船　Bateaux Parisiens

　　目前為巴黎最大的遊船公司，提供私人與商務包船聚會等服務。可由巴黎鐵塔或聖母院發船，票價單趟成人 14 歐元，14 歲以下 6 歐元，3 歲以下免費。另提供用餐的旅遊船，中午用餐 57 歐元起，晚上用餐 69 歐元起。

• 網址：www.bateauxparisiens.com

巴黎人遊船

見證愛情的花園

　　巴黎市區擁有很多美麗的花園廣場，除了保存完善的歷史古蹟，古典優雅的設計巧思，更是讓人流連忘返，如杜樂利花園（Jardin des Tuileries）、戰神廣場、盧森堡公園（Jardin du Luxembourg）或是文森森林（Le bois de Vincennes）。

　　避開擁擠的人潮，選擇在花園裡舉行法式見證儀式，一望無際的自然綠意，池塘中

杜樂利花園（圖片由 Sim 提供）　　　　　　　　　　盧森堡公園（圖片由林逸叡提供）

的青銅裝飾、石牆上的斑駁雕刻、鐵椅的捲曲裝飾風格，大家漫步在滿花盛開的庭園宮殿，在如此流暢自如的空間裡，花草樹木都和諧完美賞心悅目，神父為新人禱告，充滿祥和的祝福，在這自然成為了所有人休閒娛樂的鍾愛之地！

　　盧森堡公園是巴黎大都會最壯麗最迷人的一座園林，為目前巴黎市內面積最大的公園，也是塞納河左岸最大的一片綠洲，園內生機盎然、美麗如畫的環境設施，還有無數的雕像和噴泉，非常適合舉辦婚禮。詩情畫意的盧森堡公園，更是擁有花都最為尊貴的王室宮殿，為亨利四世為王后瑪麗所建造，法國大革命時曾遭破壞，經修復之後，現今部分已成為參議院和博物館展覽會場。

　　位於巴黎東側的文森森林，被視為花都巴黎吸收新鮮氧氣的「肺葉」之一，面積達9.95 平方公里，裡頭寧靜幽雅，是巴黎人最喜愛休閒的森林花園。森林取名自於森林內、法王狩獵之所文森城堡（Château de Vincennes）；法國大革命後森林成為軍事演練的重要之地，1860 年拿破崙三世改建成森林花園。城堡在十四世紀時是眾多國王喜愛的行宮，因此也保留當初形貌，包括其中哥德式建築的禮拜堂。

婚禮建議

杜樂利花園：參觀人潮較多，平日早上或傍晚比較適合婚禮儀式

戰神公園：兩旁綠林步道參觀人潮較少（P132）

盧森堡公園：美第奇噴泉區（Medici Fountain）人潮較少，平日早上或傍晚適合婚禮儀式。可搭 RER B 線於 Luxembourg 站下；或地鐵 4、10 號線於 Odéon 站下

文森森林：綠林園區人潮較少，平日適合婚禮儀式。可搭地鐵 1 號線於 Château de Vincennes 站下

在愛情鎖橋上私奔

　　從羅浮宮走出來，沿著塞納河往巴黎聖母院的方向去，即可看到巴黎兩座著名的「愛情橋」。一座名為「藝術橋」（Pont des Arts）；另一座在西堤島的右邊，名為「愛情鎖橋」（Lovelock Bridge），無數情侶來此見證他們的愛情，是每對有情人來巴黎必朝聖的景點！

　　鎖橋的起源眾說紛紜，不過很多人認為與義大利作家菲德里柯‧穆恰（Federico Moccia）的愛情小說有關。在他的書中，一對戀人把名字互刻在鎖上，並把鎖掛在北羅馬米爾維奧橋（Ponte Milvio）上的路燈，再把鑰匙丟進臺伯河中。這股風潮吹進巴黎後，讓巴黎有了自己的鎖橋，不輸給義大利。

　　藝術橋光從外觀看也許是一座再平凡不過的鐵橋，但這座橋命運多舛，1804 年初建時有 9 個橋拱，但 1918 年和 1944 年經歷兩次大戰後，敵軍轟炸以及多次航行衝擊對橋身造成非常嚴重的傷害，1979 年時更遭受船隻碰撞，橋梁因此坍塌 60 公尺。1981 至 1984 年時，巴黎政府決定整修此橋，讓藝術橋重現當年景象，並設計恢復供遊客行走的橋面路段，將原來 9 個橋拱變成現在 7 個橋拱。

　　這兩座愛情橋除了是觀賞塞納河風光、西堤島及聖母院的絕佳地點，藝術橋原本常被作為藝術展覽的地方，因此吸引無數街頭畫家和攝影師來此創作；情侶因為將各式各樣的鎖掛在圍欄上，而創造出與眾不同的文化，漸漸發展成為巴黎最浪漫的愛情指標。

藝術橋

交通：地鐵 7 號線於 Pont Neuf 站下，步行 10 分鐘內可到

婚禮建議：可在西堤島中的「綠騎士花園」（Square du Vert-Galant）舉行

愛情鎖橋

交通：地鐵 10 號線於 Maubert – Mutualité 站下，往河堤方向步行 7 分鐘內可到

婚禮建議：可在西堤島中的聖母院花園舉行

蒙馬特的愛情故事

　　蒙馬特（Montmartre）是位於巴黎市北邊的一個高地山丘，中心位置為小丘廣場（Place du Tertre），緊鄰聖伯多祿堂（Saint Pierre de Montmartre）和聖心堂，直到 1860 年第二帝國時期才被規劃為巴黎第十八區。

　　當蒙馬特還是巴黎近郊一個小村落的時候，就因為不受首都管束、不需繳稅，且盛產葡萄美酒，而成為巴黎人聚集取樂的休閒場所。十九世紀末時，一些著名的印象派畫家如高更、雷諾瓦等，都曾在此作畫，後來在熱門電影《艾蜜莉的異想世界》（Le Fabuleux Destin d'Amélie Poulain）和其他電視劇的強力宣傳下，讓蒙馬特吸引大批遊客，逐漸演變成街頭藝人和藝術家的夢想之地；天氣好的時候，人潮更是絡繹不絕。蒙馬特高地公園一帶有許多著名景點，又以紅磨坊（Moulin Rouge）及黑貓俱樂部（le Chat Noir）最為有名。

　　而著名的愛牆（Mur d'amour），就座落在蒙馬特 Square Rictus 公園裡，整體牆面由 511 塊深藍色長方形瓷磚貼成，面積大約 40 平方公尺，牆上以 311 種語言的筆跡滿滿

愛牆（圖片由 Sim 提供）

寫著「我愛你」，中文版就在牆壁左側。愛牆的發源者是法國音樂家弗雷德里克．巴隆
（Frédéric Baron），他早期發跡於蒙馬特，寫下不少膾炙人口的愛情歌曲，也因此選擇
以這裡為愛牆的創作之地，從 1992 年便開始蒐集和記錄 1,000 多條用 300 種語言手寫的
「我愛你」。

　　新人到蒙馬特山丘遊玩時，除了可請街頭藝術家創作愛情肖像外，站在愛牆前留下
幸福見證，或漫步在藝術塗鴉創意街道，蜿蜒的山徑小路更是約會的好地方。另外，這
裡特別之處就是可以搭乘小火車環遊街頭，加上附近擁有很多個性商店和文藝咖啡館，
不妨趁著風光明媚的時節，悠閒的在小店喝杯咖啡，或是採購有趣的紀念品，欣賞巴黎
壯闊的古蹟博物館之餘，也可來這座小丘體驗文人藝術家最初的生活感動。

聖心堂婚禮建議：可於教堂下的「Square Louise Michel」花園廣場舉行紀念儀式（P135）
愛牆交通：地鐵 12 號線於 Abbesses 站下，步行 2 分鐘內可到

在拱廊街穿越古今

　　來到巴黎千萬不要錯過還保留十八世紀末老巴黎濃厚風華的商店街道，拱廊街，這
裡沒有喧嘩熱鬧的商店小販，就如同電影場景般寧靜優雅，林立商店有著脫俗的典雅裝
潢，是新人拍攝婚紗的絕佳場景。

　　繁華的巴黎曾經擁有 150 條廊街，如今只剩下不到 20 條。而這些著名的拱頂式廊街
大都位於塞納河的右岸，當初是為了讓巴黎資產階級（bourgeoisie）血拼採買時可以擋風
遮雨，也是商旅馬車的中途休息站，街道長廊因此有許多的大時鐘可供馬夫抓準時間出

發。除了供繁忙的巴黎人採買購物外，長廊的另一個用途就是讓行人穿梭使用的捷徑，更可以藉此欣賞流行商品的陳設。

　　巴黎的拱廊街漸漸發展成古董收藏愛好者聚集的商店街。其中 1823 年建造的薇薇安拱廊街，是巴黎保留最完整、最漂亮的拱廊街，在 1974 年被法國政府列為歷史古蹟，並於 1986 年由愛馬仕設計總監高提耶（Jean-Paul Gaultier）和日本設計師鳥居由紀（Yuki Torri）重新翻修，因此一躍成為巴黎時尚聖地。

　　有「拱廊街女王」稱號的薇薇安，比起其他廊街耀眼許多，是由三個入口街道組成，一條薇薇安街、一條銀行街和一條小田街。內部的美麗瓷磚和壁飾，透光的典雅玻璃拱廊屋頂，光線明亮卻很柔和，就如同一位優雅的時尚貴婦般風靡巴黎。

薇薇安拱廊街（圖片由 Sim 提供）

薇薇安拱廊街（Galerie Vivienne）：6 Rue Vivienne, 75002 Paris
全景廊街（Passage des Panoramas）：Passage des Panoramas, 75002 Paris
維洛多達拱廊街（Galerie Véro-Dodat）：Galerie Véro-Dodat, 75001 Paris
朱華拱廊街（Passage Jouffroy）：Passage Jouffroy, 75009 Paris
維多拱廊街（Passage Verdeau）：6 Rue de la Grange Batelière, 75009 Paris

經 典 教 堂 的 婚 禮 儀 式

路易十六紀念教堂　Chapelle Expiatoire

　　路易十六紀念教堂位於巴黎第八區的奧斯曼大道（Boulevard Haussmann）上，屬天主教教堂，顧名思義是為了紀念法國國王路易十六與王后瑪麗‧安東尼。教堂呈現新古典主義宗教建築，整體結構以周圍封閉的拱形廊柱隔開庭院與市區街道，入口是一個對稱的三角牆，使用希臘多立克柱式所構成的四柱式門廊，內部中心設置了由 3 個半圓組成的圓頂，使得外頭的自然光可從圓頂進入，增添古希臘式浪漫，可容納約 30 人。

　　所謂的 Chapelle 更確切翻法應是「禮拜堂」，因此無專屬神父，平常開放給民眾使用，一般遊客只要購買門票就可進入禮拜，婚禮的話要聯絡相關人員包場舉行。

交通：地鐵 9 號線於 Saint-Augustin 站下，步行 3 分鐘內可到
時間：一般開放周二、周五、周六 13:00～17:00，團體跟婚禮需事先預訂
票價：全票 € 5.5，優惠票 € 4。每月第一個周日為免費入館日，適用 Museum Pass
場地捐獻費用：€ 700~1,000，不含神父主持儀式和證書
地址：29 Rue Pasquier, 75008 Paris
網址：chapelle-expiatoire.monuments-nationaux.fr

1~2 美國教會提供

美國教會　American Church

　　美國教會為基督教教堂，是典型哥德式建築，有玲瓏的尖頂和尖形拱門，整體風格高聳削瘦，呈現神祕、哀婉、崇高的強烈情感，廣受巴黎人喜愛。牆面使用石材堆砌而成，外觀有如火焰，內部中廳高聳，有著散發出壯麗光芒的大型吊燈，彩繪玻璃光彩奪目。

　　特別的是，美國教會擁有一臺由超過 3,000 個風管打造成的管風琴，能為新人演奏一場氣勢雄偉而音色莊重的樂曲，使婚禮更加隆重莊嚴。開放式的美國教會樂於接受新人在此舉辦婚禮儀式，如果想要在教堂舉行西式風格的婚禮儀式，非常推薦來這裡。

info

交通：地鐵 8、13 號線於 Invalides 站下，步行 5 分鐘內可到
時間：除每周六、日、聖誕節和教堂特別活動日外，皆有開放
場地捐獻費用：€ 1,200，含牧師主持儀式、管風琴音樂、結婚證書、蠟燭等
應備文件：結婚證明書（具合法效力並有法文譯本）
地址：65 quai d'Orsay, 75007 Paris
網址：www.acparis.org

此生必去的夢幻古堡

　　巴黎近郊擁有非常多著名的婚禮場地，通常婚宴包場的場地費為 3,000 至 5,200 歐元不等，每位賓客的餐費飲料還需另外計算。

　　法國城堡以優美的外觀聞名於世，像是擁有壯麗護城河的艾斯克蒙城堡（Château

d'Esclimont）代表的即是中世紀藝術傑作。而距離火車車程 1 個半小時內的羅亞爾河流域，遍布 800 座城堡，有 130 多座對外開放，有些則被私人所購買，和巴黎的時尚風情相比，羅亞爾河常被喻為法國恬靜典雅的後花園，其中波瓦莊園（Domaine de Beauvois）融合貴族與農莊風格，適合想體驗奢華與自然的新人來度假；而以夢幻城堡著稱的阿爾蒂尼城堡（Château d'Artigny）則是新人必訪的城堡之一。

　　另外，位於歐洲三國邊界的區域也有不少美麗的城堡，如吉利城堡（Château de Gilly）、伊森伯格城堡（Château d'Isenbourg）等，這裡保留不少民族融合後的傳統風俗及美酒文化，更讓當地增添一股充滿神祕的浪漫情懷！

1~2艾斯克蒙城堡（圖片由 Grandes Etapes Francaises 提供）

渾然天成的隱士古堡　艾斯克蒙城堡

　　距離巴黎不到一個小時的車程，艾斯克蒙城堡座落在巴黎近郊凡爾賽（Versailles）和夏特（Chartres）之間，並於 1965 年列入文化遺產。

　　古堡歷史可追溯至十六世紀，是當地領主 Étienne du Ponchet 參考羅亞爾河流域的城堡所建，為文藝復興風格，曾經是法國五大家族之一的 La Rochefoucauld 所擁有，這個家族在法國擁有長久的歷史並與王室相當密切，讓這座城堡成為法國大主教、國會顧問及國會主席的官邸。城堡四周身處於風景秀麗的綠野山谷中，隱密的古堡旁卻有著美麗的小運河，客人亦可搭乘小船在河流上隨波逐流，體驗涼爽的微風輕拂，天氣好的時候更有天鵝與野鴨在河裡悠遊，彷彿人間仙境。廣大的城堡占地達 150 英畝，非常適合新人度蜜月且城堡典雅氣派，內部會場可以容納將近 60 位賓客用餐，並有可招待近 200 人的宴會廳，還提供戶外游泳池及 2 個網球場。

艾斯克蒙城堡也提供婚禮場地租借服務，可依照套房方案，供應晚宴餐點或法式高級料理、雞尾酒等，也可選擇包含新人的造型、抒壓按摩，甚至是捧花或會場布置服務。特別的是更擁有專門的直升機或熱氣球，新人搭乘欣賞城堡及其周邊地區的壯麗景色後，緩緩降落於城堡前，在親友熱烈的祝福進場，到了晚上，兩人一起在絢麗奪目的煙火下完成終身大事。

info
地址：Château d'Esclimont, 28700 Saint-Symphorien-le-Château
網址：www.grandesetapes.com/en/castle-hotel-esclimont-paris

高貴不凡的夢幻古堡　阿爾蒂尼城堡

擁有五顆星評價的阿爾蒂尼城堡，建於 1919 到 1928 年間，位於距離圖爾市 (Tours) 17 公里的地方，建築前身是用來防禦的堡壘，之後由法國著名調香師 François Coty 所買下，聘請超過 150 位的工藝建築師打造，終於改建成令人稱羨的夢幻古堡。屬於新古典主義風格的阿爾蒂尼，聳立於羅亞爾河流域的中央，主體為白色石材建料，前面有近 25 公頃的法式花園，平衡對稱的美感造型，在門口設立了古典的石柱裝飾，顯得十分典雅高貴。

城堡為十八世紀風格，室內設計採用氣派的巨型畫作和大理石雕刻，富有奢華的巴洛克精緻風格餐廳，內部擁有 65 間客房，靈巧的弧形曲線樓梯可以通往各個精美的房間。飯店共有 3 個高級接待室，以及可容納 300 位賓客的宴會廳，城堡更設立戶外游泳池、網球場、高爾夫球場、桑拿、健身房和美容中心，除了提供新人婚禮場地的租借，也可以安排空中飛行的旅遊行程，乘坐熱氣球或直升機探索羅亞爾河流域。

　　此外，當地除了盛產葡萄酒外，城堡的酒窖也非常有名氣，私藏超過 45,000 瓶從世界各地進口的威士忌、白蘭地及葡萄美酒等。

info

地　　址：Château d'Artigny, 37250
　　　　　Montbazon
網　　址：www.grandesetapes.com/en/
　　　　　castle-hotel-artigny-loire

結合大自然的城堡莊園　波瓦莊園

　　擁有法國傳統莊園風格的波瓦，歷史可追溯到十五世紀，其中大部分的主要建築則重建於 1960 年代，曾經是法王路易十三和其他名人貴族所收藏擁有。

　　城堡距離圖爾市 20 分鐘的車程，隱藏在將近 140 公頃綠意盎然的森林中，三層樓高的塔樓高高矗立在中央，旁邊緊連著 3 棟側廳及美麗的後花園，看似樸實卻擁有低調奢華。簡單高雅的房間內部使用漂亮的花紋圖案壁紙，搭配精緻古董家具，襯托整體獨特室內風格，相較於傳統華麗的貴族城堡，波瓦更選擇高級的絲緞織品、獨特的波斯紋地毯來強調使用質感。

　　城堡擁有 36 個客房、3 個招待室，及共可容納 110 位賓客的宴會廳，廳內更有露天陽臺可欣賞外景，戶外也提供網球場、高爾夫球場、騎馬場、自行車及煙火施放等服務。餐廳充滿溫馨懷舊的氣氛，裡頭有著高級銀製餐具、復古的留聲機、羅馬鐘及各式老古董等裝飾，旁邊更有古典大理石壁爐，搭配橘紅色牆壁裝飾典雅大方，非常適合在此享受傳統法式佳餚。

　　廣大花園森林內坐擁一片美麗的湖泊，樹木林立環繞整個莊園，是野餐活動的好去處，城堡另一側則是寬廣的戶外游泳池，適合在這裡舉辦宴會。若想要體驗奢華的法國貴族生活，又想要與世隔絕的寧靜感，波瓦莊園絕對是最佳選擇。

info

地址：Domaine de Beauvois, 37230 Luynes
網址：www.grandesetapes.com/en/castle-hotel-beauvois-loire

1~2 吉利城堡（圖片由 Grandes Etapes Francaises 提供）

中世紀酒窖的經典古堡　吉利城堡

　　城堡最早歷史可追溯至十四世紀，當時是修道院院長的宅邸，之後則於十六世紀時改建。城堡屬於古典式風格，距離第戎（Dijon）有 26 分鐘車程，座落於第戎和博納（Vougeot）之間，並位於法國著名葡萄酒產區，布根第（Burgundy）的心臟，此區所生產的美酒深受世人崇敬，而且價格居高不下，新人可順道來趟法國美酒之旅。

　　吉利城堡保留十四和十六世紀風格，擁有壯麗的護城河以及 15 公頃的法式花園，室內兩處的招待室可容納近 130 位賓客，共有 48 間時尚典雅的客房，並打造現代化的浴室設施，餐廳更有獨特拱形的天花板，露天陽臺可觀賞美麗的花園景色。城堡提供婚禮場地租借服務，設置戶外游泳池、桌球廳、網球場、高爾夫球場及自行車道等。古堡旁擁有十四世紀時期的酒窖，每位客人都可到裡頭參訪位於布根第產區最好的葡萄酒收藏地。

info
　　地址：Château de Gilly, 21640 Vougeot
　　網址：www.grandesetapes.com/en/castle-hotel-gilly-burgundy

迷人的葡萄園美景　伊森伯格城堡

　　距離法國科爾馬（Colmar）不到 20 分鐘的車程，這裡有座豪華的城堡莊園，伊森伯格城堡，四周環繞著綠地，擁有將近 4 公頃的葡萄園，裡面種滿著名的白葡萄酒產地亞爾薩斯（Alsace）地區特有的葡萄品種，為品酒之旅路線中的一個美食景點，亞爾薩斯位於德法瑞邊境上，至今還保留不少的傳統建築、文化風俗、語言等。在此可以享受萊茵河山丘和黑森林的景觀，當地人又稱這裡為「伊森伯格城堡的葡萄園」。

　　城堡的起源可追溯到十二世紀左右，十九世紀時是奧地利帝國的皇室宮殿，之後被贈予史特拉斯堡主教府，於十四世紀改建成盧發（Rouffach）城鎮的防禦堡壘建築。外觀風格獨特的城堡，其實早在二戰時期歷經炮火的摧殘，直到半個世紀前才開始重建改造，並對內部裝潢進行修復，保留最初十二世紀時期完整的地窖建築，現在則變成了用餐空間。城堡大廳為哥德式裝飾，裡面擁有 4 個接待室，共可容納近 180 位賓客，多達 41 間的客房可同時住下 92 位客人。著名的全景餐廳可觀賞戶外的葡萄美景，而新人更可以在十四世紀的拱型餐廳享受浪漫的燭光晚餐，品嘗道地法式美食。

　　城堡也提供室內外游泳池、桑拿室、網球場、桌球室、高爾夫球場及 SPA 水療中心等，而且廣場前還擁有漂亮的噴水池及私人花園，經常舉辦不同的主題活動，非常適合與另一半共度浪漫的假期時光。

info

地址：Château d'Isenbourg, 68250 Rouffach
網址：www.grandesetapes.com/en/castle-hotel-isenbourg-alsace

貼 心 小 提 示

東西方禮俗有文化上的差異，且城堡婚禮套裝通常價格不菲，建議安排此行程時，先將婚禮人數及交通行程規劃好。若是語言溝通及行程安排有問題，可找婚紗代辦婚禮事宜。
網址：www.hither-weddings.com
Facebook：www.facebook.com/hitherweddings

婚禮小物、造型裝飾

　　婚禮是戀人生命中最燦爛耀眼的時刻，值得盡情展現自己的品味！一場甜蜜的法式婚禮不可缺少的就是禮品，巴黎拉法葉百貨（Galeries Lafayette）裡有很多獨特的禮品，像是鐵塔造型的糖果盒、茶包、鑰匙圈，各種的顏色圖案都可任意搭配。來不及選購的話，戴高樂機場也有專櫃可購買。

餅乾 & 巧克力

　　以手工巧克力聞名的 Jeff de Bruges，是一家以銷售比利時巧克力為主的店；1986 年開業，原本以可愛的禮物為標誌，從 2004 年開始全面改變成有襯線的英文時髦字體。店內的巧克力口味多達四十種，除了招牌的小熊造型外，還擁有好幾款的特殊巧克力商品，目前法國已有三百多家分店，巴黎街頭、百貨公司裡都有設櫃，西班牙、義大利、澳洲、中東也都有它的蹤影。

• 網址：www.jeff-de-bruges.com

　　另外，創業於 1989 的法式傳統手工餅乾店 La Cure Gourmande，目前已經在法國、西班牙及比利時等國家掀起熱潮，裝潢以橘黃色系為主，吸引無數人的目光想入內一探究竟，店內充滿溫馨鄉村的形象風格。尤其是它們以多種繽紛的顏色做構想、搭配精美鐵盒包裝設計，並將餅乾層層堆疊讓客人挑選試吃，幾乎讓人片刻都不想離去。La Cure Gourmande 是提供手工餅乾、造型糖果、巧克力及商品禮盒的甜點專賣店，各種商品擁有非常多口味，也可依照想要購買的禮盒形式自行搭配產品，不管是用來收藏或送禮都是很好的選擇。

- 網址：www.la-cure-gourmande.com

造型飾品

　　各大紀念品店或雜貨小鋪都會販售造型鐵盒，通常內容物為餅乾、糖果、巧克力或是茶葉等，因為售價落差很大，盡量在離開巴黎前購買，建議可至大賣場或者連鎖超市挑選，免稅機場商店可是貴了將近 20 至 30% 以上。

　　巴黎必買的鐵塔造型鑰匙圈各種顏色應有盡有，超級適合當回臺的婚禮小物贈送親友，或用來陳列婚宴場合，在巴黎各大景點或紀念品商店都可發現其蹤影，可多利用遊玩之餘比價看看，每個平均售價為 0.5 到 1 歐元不等，一次購買 10 個以上通常還會有額外優惠。

貼心小提示

作者結婚時，即特別從巴黎買回鐵塔造型
飾品，搭配莫札特巧克力包裝分送給參加
婚禮的親友，讓大家感受到不一樣的法式
婚禮小物！

到了法國也別錯過瑪黑兄弟（Mariage Frères）茶葉禮盒，它是法國最早的茶葉進口商。從 1660 年起，Nicolas Mariage 即代表當時的法國遠赴東印度群島從事茶葉買賣，並以濃厚東方異國風情的茶風而廣受消費者喜愛。之後，Henri 及 Edouard Mariage 兄弟於 1854 年所創立品牌，這對兄弟對茶的熱情已經超越當代水準，成為「法國茶之藝術」最具代表的領導品牌。

瑪黑兄弟每年都會開發出數十種新茶品，目前已研發出 500 種以上的品項，其中最有名的馬可波羅茶（Marco Polo）是採自中國、西藏的花卉與水果，創造出經典的獨特茶香，融合東西方文化的深邃滋味，成為熱銷數十年的經典茶款。其他如皇家婚禮（Wedding Imperial）、歌劇院（Thé à l'Oépra）或是法國藍伯爵茶（Earl Grey French Blue）等，都是瑪黑兄弟最具代表性的茶品。

瑪黑兄弟

• 網址：www.mariagefreres.com

貼 心 小 提 示

若在法國沒有時間或無法帶回法式小禮物，建議可參考臺灣客製化的喜餅及法式婚禮小物，一樣可以呈現法式主題的浪漫美喔！

chapter 3

自 助 婚 紗

正因 Pre-Wedding 旅拍的新世代婚紗風格興起，帶動國內海外婚禮趨勢，但大多新人受限於結婚基金，往往只能實現海外蜜月之行。因此，若想要節省機票花費，建議可別於往常傳統的先結婚後度蜜月觀念，預先把在臺灣結婚的總費用估算出來，提前規劃蜜月行程，這樣一來既能到海外遊玩也能順便拍攝婚紗照，等回臺之後再好好利用浪漫的婚紗照，布置一場特殊的結婚喜宴。

拍 攝 流 程

　　在巴黎非常流行自助婚紗，新人可自由選定拍照地點、安排車程，整個過程就像是在安排一場自由行。相較於在臺灣拍的婚紗照，巴黎因為有與生俱來的浪漫氣質，新人拍攝時可以更自然呈現兩人相處時的親密互動，散步在巴黎街頭，在咖啡店裡享受，在藝術品店裡觀賞，或在公園中調皮、搞怪，一點一滴的匯集在一起，每個瞬間都能捕捉兩人的愛情，都是最好的詮釋！

　　建議事先了解各個場景的光線氛圍，這樣才可根據不同時段安排行程，而且善用地理環境上的優勢，讓婚紗拍攝更加完美，如白天時適合在日照效果好的夏洛特宮或藝術橋上，傍晚時則可選擇在亞歷山大三世大橋或羅浮宮金字塔，既可營造視覺效果又可避開人潮。在拍攝婚紗的同時，生性浪漫的巴黎人常會主動上前祝賀新人，有時還會熱情的要求合照，這時就要有技巧的掌握整體進度囉！

婚 紗 拍 攝 準 備 Step by Step

一個月前

☐ 確定婚紗拍攝行程：決定好場景了嗎？要日景、夜景還是交錯？巴黎市區或是郊區城堡？事先與攝影師討論好要去的場地，要花費的時間，包括用餐、休息時間都要算好，規劃出精準的行程路線吧！

☐ 確認當日天氣：最好能提早確定當日天氣及日落時間，以調整婚紗拍攝行程；也可適時地增加或減少衣量，更要預備好雨具以防突然的天氣變化！

三天前

☐ 禮服及道具：確認好所要攜帶的禮服道具，多攜帶補妝工具或一些吸油面紙。

☐ 整體造型化妝：為了拍攝完美的婚紗照，適當的遮瑕是必要的，想要與眾不同的婚紗主題，與化妝師或整體造型師打造最適合自己的妝容吧！

☐ 捧花：拍攝婚禮時不妨先去法國花店訂製一套專屬的捧花及胸花當作拍攝道具，一方面能強調個人特色，也能讓手的姿勢更豐富。法國當地的花季與臺灣不盡相同，想要

獨特法式浪漫風格，不妨把理想的花束與頭飾配件提出來，跟花店老闆一起討論吧！

拍攝前一小時

☐ 放鬆心情：調適好自己的心情，快趕走緊張的拍攝氣氛吧！與攝影師溝通時，多聊些工作以外的話題，讓彼此都能以最好的狀態呈現。

☐ 培養默契：可與另一半遊戲互動，培養兩個人的肢體默契。除了在拍攝的過程中，安插些自己喜歡的橋段，也可透過幽默的話語，讓氣氛增添不一樣的趣味！

貼 心 小 提 示

雖然並不是每個法國人都能用英文溝通，花店老闆娘在與我們比手畫腳之後，找了印度人當英文與法文的翻譯，解決了語言問題，順利幫我們完成夢幻捧花。其實熱情的法國人還是很多的，如果真的遇到任何狀況，建議可大方地向當地人請求協助。

自助婚紗拍攝流程

　　這裡以巴黎市區為例說明。巴黎市區有相當多的著名場景，像是第十六區的夏洛特宮，或是第七區的亞歷山大三世大橋、巴黎鐵塔等，彼此間距離都不遠。在行程安排上，若想一次捕捉白天及晚上的景色，可先上網查詢日落時間，如夏末的巴黎通常於晚上 8 點左右日落；也需避開上下班交通壅塞時段。因此，在前幾日與攝影師溝通好細節後，扣除市區交通時間，決定從下午 3 點拍到晚上 9 點，橫跨黃昏景色。大致上可以拍攝 4 個場景左右，最終決定拍攝行程如下。

3 p.m~5 p.m 夏洛特宮→戰神公園

　　在前往第十六區的途中，從巴黎市區人來人往的街道上，遠遠就能看見聳立在前方的巴黎鐵塔，法式的地理風情真讓人著迷！繞了一圈到夏洛特宮的背後，圓拱式的設計，加上兩排小金人點綴，襯托出典雅高貴形象。拍攝當時的氣候不太穩定，天空不時飄著細雨，宮殿廣場的人潮不斷，為了有最好的拍照效果，我們選擇從人少的地方開拍，要注意的是，特卡得羅（Trocadéro）廣場上有管制人員，建議利用早上時段或是著便服進行拍攝，一般在此拍婚照管理人員會酌收 50 至 100 歐元不等的費用。因此在與攝影師討論後，我們接著轉移到下方的戰神公園。

　　戰神公園有著美麗的大理石石梯，非常適合取景拍照，簡單在石階上擺幾個 POSE，再經由攝影師的巧手，就能拍出獨特的法式風格。另外，建築視野寬廣的戰神公園中，美麗噴泉可以當作襯景，頂著黑色雨傘任由泉水自由灑落，水滴構成若隱若現的畫面美極了，拍攝效果非常浪漫！接著沿著步道進到公園裡頭，整片樹林綠意盎然，詩情畫意

的景色叫人陶醉，在能觀賞鐵塔一隅的角度隨即讓鏡頭捕捉幾張畫面，也成了獨樹一格的婚紗照。戰神公園接近河畔的地方，橋邊有一座旋轉木馬，在這有如童話般的浪漫，似乎成了王子與公主的夢幻天堂，利用木馬行駛的剎那，來捕捉永恆吧！

6 p.m~7:30 p.m 塞納河畔→巴黎愛情橋

　　拍攝約莫過了兩個小時，從戰神廣場前往著名的塞納河畔邊。此刻聖心大教堂就在我們的身後，一邊享受著漫步的悠閒與自在，一邊欣賞著塞納河緩慢的流動著，位於

Quai de la Tournelle 河堤旁的行人步道，是漫步的最佳拍攝地點，放眼望去是綿延的塞納河和美麗的街道建築。待攝影師研究了構圖與取景後，兩人相依偎地坐在河畔邊，自在的談情聊天，攝影師拍攝完後，大家都非常滿意以巴黎河畔為主的黑白照片風格。

info

Quai de la Tournelle
交　通：地鐵 10 號線
　　　　於 Maubert –
　　　　Mutualité 站下，
　　　　往河堤方向步行
　　　　5 鐘內可到

　　在挑選場景的過程中，為了見證兩人的愛情，選擇了愛情橋這個景點。愛情橋橫跨塞納河，連接羅浮宮，側面是著名的聖母院。從羅浮宮走出來，沿著塞納河往巴黎聖母院的方向去，橋上無數特別的鎖造型或簽名大方展示愛情宣言，是每對情侶到巴黎必朝聖的景點！夜幕低垂，我們彼此擁抱在橋岸邊，深情凝視著對方的眼睛，路人也停下腳步讚美祝福，此時此刻幸福的瞬間，已經融入在愛的永恆之中。

7:30 p.m~9 p.m 亞歷山大三世大橋→羅浮宮

　　拍攝一直持續到傍晚，亞歷山大三世大橋開始綻放出絢麗的燈光，精緻富麗的雕像在巴黎鐵塔的點綴下，此時的浪漫已無法用言語來形容；但湧入的人潮也成為了拍攝一大難題。稍微等待了片刻，攝影師準備好了燈光，讓兩人靠在一起，透過攝影師的指導擺出肢體動作，立刻點亮主角及襯角位置，精緻捕捉出不朽的愛情故事。

　　拍攝最後來到羅浮宮廣場，這裡擁有法式古典主義的裝飾風格宮殿，和代表永恆的

玻璃金字塔，眼前閃爍著熠熠生輝的宮殿，映照在美麗的池水之中，堪稱最美的婚紗聖地，讓人心跳不已，是無數婚攝愛好者必訪之處！站在金字塔池旁的街道，立刻就被池水燈光給吸引住，不管是任何的姿勢動作，只要配上這裡絕佳夜景和如此宏偉的建築，就是此生最亮眼的婚紗照！

　　而接近傍晚時，亞歷山大三世大橋上的燈光非常絢麗奪目，也是熱門夜景景點，或者可在黃昏時在這捕捉夕陽美景，不管怎麼拍都是美照。

方案選擇

自助婚紗攝影 | 超省錢美麗婚紗照

在經費有限的情況下，要辦場最省錢的蜜月婚紗祕訣，就是一切自己來。

自己尋找專業的攝影師，先設定 3 至 4 個地點再跟攝影師討論好行程、車程、時數或相關細項。從策劃到婚紗攝影的完成，比如要什麼婚紗風格、衣服、場景，到服裝的搭配，都可自行規劃，網路能參考的樣式有非常多的選擇，但是大部分美麗照片的背後都是環環相扣，需要有浪漫的場景，美麗的禮服、西裝，或是好的光線氣候，好的攝影器材，如果想拍一組不一樣的婚紗照，就要選適合自己的禮服，簡單到可以只是一件白裙洋裝，一件西裝外套，或者只要淡淡的裸妝，擺好你所要的姿勢表情，玩法可以很天馬行空，也可以搞怪創意，反正難得留念，不滿的話再多花時間跟攝影師溝通。回臺後請專業的美編製作後期的婚禮小物、海報文宣，最後再把照片做成喜帖、相冊或其他簽名網。

拍攝技巧與建議

自助拍攝婚紗照時注意盡量避開人潮車潮，法國是旅遊大國，漂亮的街道商家林立，很多都是可利用的場景；而預先多參考國際知名的婚攝照片，也有助於營造氣氛、姿勢和風格。新娘禮服若是擺尾較長，可請攝影師準備較高的腳架或梯子，採由上往下的拍攝角度，俯拍整身華麗的禮服。萬一遇天氣不穩定時，可請攝影師拍攝 RAW 格式，此格式可後置調整的幅度最佳，而相機 ISO 感光度調整為 1200 以上，最好搭配感應式閃光燈，以補足光線欠佳時的場景。

半天日景 2~6h

如打算只規劃半天的拍攝行程，建議可安排在巴黎市區其中知名的一到兩個景點拍攝，像是巴黎鐵塔、戰神廣場附近，或者是蒙馬特廣場周邊，四周場景各有不同特色，而且景點之間相距不遠，可以用漫步的方式悠遊市區，剩下的時間可用來購物或品嘗下午茶，非常適合時間較少或是想要多安排旅遊景點的新人。

一日日夜景 6~10h

　　若規劃拍攝到黃昏或是夜景，可增加晚禮服換裝，含交通休息約可拍攝三至四個場景。拍攝夜景建議事先查詢日落時間，如法國 9 月日落時間在晚上 8 點左右，那從下午 1、2 點開始拍攝就會比較合適，景點可選擇塞納河畔、羅浮宮，或是巴黎愛情橋周圍，法國晚上燈火通明，路燈較多的景點可補足相機閃光燈的不足。另外，日夜景晚上溫差較大，建議攜帶薄外套以備不時之需。

1 2

3 4

1 伊森伯格城堡

2 吉利城堡

3 艾斯克蒙城堡

4 波瓦莊園城堡

5 阿爾蒂尼城堡

5

一日以上（多日行程）

　　假如選擇長時間拍攝婚紗，可挑選浪漫的城堡或飯店，除了要提前預訂好交通住宿，事先研究好當地周邊的環境，大部分城堡都有私人花園或是禮拜堂，可多加利用拍攝。而每年 7、8 月法國部分莊園飯店會避暑休業，所以最好先詳細計畫好，以免行程已安排好卻無法前往住宿。

專業婚紗攝影 | 蜜月婚紗一次搞定

　　在規劃拍攝婚紗及蜜月旅遊的同時，很多時候會因為語言和交通問題無法好好享受旅程，這時建議交給專業的婚紗團隊安排，一來可省下一大筆時間和預算，又可好好享受出國旅遊的樂趣。每個專業攝影師所追求的畫面，都值得讓人靜下心來細細品味，而新人互動時細膩的情感，攝影師該如何掌控或是安排，是經過無數的經驗累積，也是每一次嘗試的結果。他們對於婚禮中的取景、光線與構圖有獨到的見解，攝影不單只是按下快門，而是一場精湛的生活體悟。

國內的海外婚紗攝影師

能夠拍出一手好照片的專業攝影師不少，而哪些是擁有國際級攝影認證，且價格合理的呢？

西恩 Sim Chang

為國內影像藝術家，對當下流行御宅文化擁有獨到的想像力，前衛大膽的影像拍攝手法囊括不少國外獎項，如美國 IPA 國家精選獎金牌、法國 PX3 金獎、日本東川町國際寫真節優秀賞。提供專業人像攝影、創意婚紗攝影、蜜月旅行、國內外婚紗攝影服務等。
聯絡方式：www.hither-weddings.com

　　若想拍一場完美的巴黎邂逅，不妨找個擁有情感美學的專業攝影師，替新人詮釋每個經典畫面，帶領新人深入體驗巴黎法式浪漫，利用當地攝影師多年的經驗，來嘗試不一樣的拍攝方式，並且漫遊巴黎市區，肆無忌憚地沉浸在浪漫的巴黎街道裡。

巴黎當地攝影師：Jacques Mateos

法國大師級攝影師，曾獲 ISPWP Winter 2013 攝影大獎，擅長婚禮婚紗、蜜月派對、成長記錄以及蜜月攝影，成立法國 Magic Flight Studio 攝影工作室。身兼多個國際著名攝影組織成員，包括 BEST of Wedding Photography（BOWP）、International Society of Professional Wedding Photographers（ISPWP），及 Wedding Photojournalist Association（WPJA）。

貼心小提示

巴黎當地的攝影師大多能以英文溝通，薪資計算方式是以小時計算，所以規劃婚紗拍攝時，務必要先規劃好時間，不然超時可是要加收費用的！

1

2 3

1~4 Photographer / Sim Chang

4

1

2

3

4

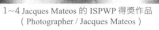

1~4 Jacques Mateos 的 ISPWP 得獎作品
（Photographer / Jacques Mateos）

技巧與建議

　　在選擇專業的婚紗業者拍攝婚紗照時，建議先挑選好想要的婚紗風格範例，應了解業者所提供的婚紗方案是否有協調人員同行，以及拍攝完後照片編修後製的程度與完成寄送的時間。另外，有些國外攝影師不見得會主動要求新人擺姿勢或做表情，新人可在拍攝前多多利用時間進行溝通互動，而在進行拍攝海外婚紗的同時，偶爾會有路人觀眾要求與新人合照，這下可別輕易答應，否則攝影師可是會在旁邊生氣，說你們妨礙專業人士的拍攝了。

半天日景 2~6h

　　通常歐洲攝影師都採計時收費，一般拍攝收費標準為 2,000 歐元不等，若想要增加時數的話，每小時收費平均為 200 至 300 歐元，新人在預算有限的情況下，建議可詢問是否有婚紗包套的選擇，若婚紗安排在巴黎市區拍攝的話，人數控制在 4 人以內，可與攝影師溝通節省交通預算花費，選擇兩至三個景點拍攝，像是香榭麗舍大道、凱旋門附近，或者是協和廣場周邊，這些景點之間交通方便，漫步就能體驗巴黎的城市之美！

一日日夜景 6~10h

　　若是計畫安排晚上的宴會活動，或是想拍攝巴黎的夜景，可安排三至四個場景，與攝影業者包套選擇所要拍攝的區域，假如其中景點車程較遠，如巴黎郊區凡爾賽宮、楓丹白露宮（Fontainebleau）等地，攝影師會要求負擔基本的交通費，且往返交通時間也會涵蓋在拍攝時間之內，建議可事先與攝影師溝通清楚，以節省寶貴拍攝時間。

一日以上（多日行程）

　　新人有計畫到教堂或浪漫的飯店進行旅遊拍攝，婚紗團隊都會有很多種方案供您挑選，可事先研究好人員場地的預算，婚紗方案是否提供配套，預算足夠的話，也可選擇是否布置拍攝場或宴會。另外關於拍攝場地的建議，通常較高級的城堡飯店會附設教堂或是禮拜堂，而市區的教會則會收取 800 至 1,200 歐元左右的場地清潔費，其中費用包含牧師及管樂手等支出。

婚紗禮服的選擇

在西方國家，女孩結婚通常都是一套訂製的白紗，或將母親傳承下來的禮服拿來修改，就這一件完成婚禮及婚紗照。自助婚紗的時間安排是很重要的，若蜜月拍攝時間較長，建議可租借適合自己的西裝禮服，挑選歐美款式的手工婚紗非常能襯托浪漫的法式風情；拍攝完畢後將禮服交由團隊帶回臺灣，既無租借時間的限制，也無行李托運上的負擔，若回臺要舉辦晚宴再次租借的話，也可先將禮服預約下來，就不用擔心喜歡的禮服被租走，說不定還能配合業者的優惠活動！

各式手工婚紗介紹

對於女孩來說，一生一次的婚禮能在最浪漫的巴黎與心愛的人共同拍攝，真的是永生難忘，牽著彼此的手散步在巴黎街頭，如同電影般浪漫的場景，真實存在於現實生活中，這一刻我們都是電影主角，就讓我們當個最美麗最夢幻的小公主與最深情的白馬王子吧！

臺灣的婚紗拍攝非常興盛，但提供租借到海外拍攝的禮服卻相當少。而婚紗分成不同款式，適合的身形也不盡相同，如果要帶婚紗到海外拍攝的話，建議可事先在臺灣租借並直接改至合身尺寸，減少去當地挑選及未知狀況的風險。一般而言，婚紗分為 A-line 型（A 字型）、馬甲型、魚尾式婚紗及修身型婚紗，還有著重下半身設計如澎裙型、前短後長型婚紗或是華麗拖尾的公主型婚紗。

貼 心 小 提 示

婚紗建議在臺灣先挑選好，避免尺寸不合或在當地購買不到喜歡的款式等風險。婚紗禮服以一套白紗和一套小禮服即可，禮服越多重量越重，妝髮時間也會拉長，影響到拍攝時間，難得去一趟巴黎可建議多留點時間拍攝其他場景。除在國內搞定婚紗租借外，也可與專業婚紗攝影團隊合作，一次談妥婚紗攝影、蜜月旅遊、婚宴布置及客製化手工喜餅等，會更有效率。

Wedding Dress / Hither 海瑟婚紗

Photographer / 絕對

Make up Artist / Michelle Chang

Model / 蕭曄庭

A-line 型　修長感婚紗

　　廣受新娘青睞的 A-line 型婚紗，是就如同英文字母 A 般上半身合襯適中，下半身逐漸拉寬的整體設計。由於強調線條流暢的直線感，因此腰身看起來並不明顯，也會讓新娘感覺比較高䠷修長。適合各種身型的新娘，尤其是身材較為矮小的新娘，這項優點也是備受新娘喜愛的原因之一。

Wedding Dress / Hither 海瑟婚紗

Photographer / Roger Dai

Make up Artist / Summer Wei

Model / 資晴

Special Ast / Zen Lin

澎裙型　華麗感婚紗

　　著重於下半身飽滿的澎裙型婚紗，特點是緊實的上身及腰部，為了刻意營造誇張的視覺效果，在上半身的設計常以馬甲為搭配。而正式場合中，通常會建議穿上定型用的襯裙，讓新娘在婚宴場合展現極其華麗的感覺。適合一般及西洋梨身型的新娘，如上身纖瘦，下身豐滿的新娘，便可利用這種婚紗來修飾身型；身材嬌小的新娘則較不合適，因過度澎大的裙擺會讓妳顯得更加嬌小。

Wedding Dress / Hither 海瑟婚紗

Photographer / Roger Dai

Make up Artist / Summer Wei

Model / 資晴

Special Ast / Zen Lin

修身型　氣質感婚紗

　　整體貼身的剪裁設計除了能拉長身段，更能使新娘顯得高䠷有氣質。推薦給想要走高貴氣質路線的新娘，建議可選擇精緻的手工蕾絲搭配，更能突顯曼妙身型，非常適合在場地小而隆重的結婚晚宴穿著。由於這個款式強調合身，高瘦的體型效果會加分，因此比較適合身型纖瘦的新娘；矮胖身材的新娘，則建議挑選有肩紗的款式來修飾上半身。

Wedding Dress / Hither 海湯婚紗

Photographer / Roger Dai

Make up Artist / Summer Wei

Model / 資晴

Special Ast / Zen Lin

魚尾型　高雅性感婚紗

　　以性感瘦長的整體設計，在膝部設計成美人魚般的澎尾裙襬，要說最性感的婚紗款式非此款莫屬，穿上它可營造動人的體態，加上性感破表的拖尾設計，宛如女神般降臨。適合穠纖合度的身型比例，過於豐腴或是偏瘦的新娘較不能突顯其效果，建議量身訂做屬於自己的身型款式會更好。

Wedding Dress ／ Hither 海瑟婚紗

Photographer ／ Roger Dai

Make up Artist ／ Summer Wei

Model ／ 資晴

Special Ast ／ Zen Lin

公主型　夢幻感婚紗

　　對於想要來場童話世界般婚禮的新娘來說，擁有多項特點的公主型婚紗再適合不過了，為了強調腰部曲線及夢幻的裙襬效果，多會以手工蕾絲、立體剪裁作為搭配，讓新娘成為眾所矚目的視覺焦點。適合一般及纖瘦身型的新娘。此款澎大的裙襬及裝飾，較不適合嬌小及上圍較豐滿的女性，在視覺比例上會顯得不平衡。

info

婚紗攝影師

絕對　Absolute Studio
擁有攝影經歷 28 年的絕對老師，在婚紗攝影領域引入時尚廣告的拍攝手法，為新人量身打造出專屬於個人風格的婚紗照，更善於運用故事情感描繪，專業細膩的拍攝手法，為新人打造出無數的經典回憶。

Roger
提供婚紗攝影、商業棚拍等服務，抱持熱情專業的拍攝精神，精準到位的人物刻畫，常受邀至各大知名公司合作拍攝，擁有許多經典人像及商業作品。

李政祐　Cheng-yu Li
現居臺北，擁有豐富的人像攝影經驗，目前受聘為料理教室的專任攝影師。擅於捕捉人物故事的寫實風格，擁有獨到構圖美學，提供活動、人像、婚禮記錄與商業攝影。

以上婚紗照片由海瑟婚紗（Hither-Weddings）提供。
網址：www.hither-weddings.com
Facebook：www.facebook.com/hitherweddings

┌─────────────────────────────────────
貼 心 小 提 示

若想避免拍攝時語言溝通的問題，建議自己帶臺灣婚紗攝影團隊至海外拍攝，薪資計算方式以日薪為主，想好好享受巴黎浪漫氣氛又希望有充足時間拍攝，臺灣的攝影團隊真的是不錯的選擇！

男士西裝介紹

　　誰說新郎不是主角。有新娘美麗的婚紗，新郎當然更需要一套完美的西裝造型來搭配！在西方禮俗中，男士西裝雖沒有規定樣式，但仍需著一套正式服裝以代表身分和地位；而臺灣習俗女方在回贈 6 禮或 12 禮時，通常會選擇以頭尾禮的方式，挑選西裝襯衫或其他配件回送給男方。本章提供西裝的挑選方式及穿著範例，針對亞洲男士的身型體格做搭配，讓新郎也可以很時尚帥氣！

西裝挑選方式

• 布料：通常羊毛含量比例及羊毛紗支數較高的布料，價格也相對較貴，建議可先從喜歡的布料材質做比較，紗支數高的好處在於布料的光澤與柔軟度會越好，相對越是高級的布料也越不容易保養。

• 尺寸訂做：一般人通常挑選現成的西裝，但相對合適的款式也較少，在婚宴的場合設計感又會稍顯不足。一套合身的西裝穿起來既體面又亮眼，建議可以找專業的師傅手工量身訂做，設計出擁有自己個人風格的獨特樣式。

1~3 圖片由 Kenny Yen 提供

Designer / Kenny Yen

千鳥灰格紋系列　沉穩熟男的穿著風格

　　適合一般身型。以細緻的千鳥格紋佐以高雅的淺灰綠底色，營造出義大利風情的優雅紳士感。建議挑選合身尺寸，厚薄適中，透氣性佳不悶熱的布料材質，穿起來舒適又能展現個人品味特色。

淺粉系列　甜美型男的穿著風格

　　適合一般或窄版身型。以經緯向相異色紗交織而成，柔和的粉橘色設計亮眼又兼具獨特性。建議挑選純棉質布料，透氣性佳好整理，可搭配相同色系背心，繫上領帶更顯與眾不同。

淺藍系列　活力勁男的穿著風格

　　適合一般或窄版身型。活力的淺水藍色設計，簡單搭配出輕盈體態的效果，重新塑造個人強烈風格。建議選擇合身透氣的彈性布料，可增加穿著時的舒適感也提高靈活度，在任何場合都能應付自如。

黑 + 粉色系列　時尚酷男的穿著風格

適合一般或窄版身型。深灰色上著帶有直條金絲織紋，點出面料奢華質感，上下顏色的對比搭配，既顯眼又能表現西裝品味。建議挑選手感佳的高級沙典綢緞布，合身訂製可增添西裝整體的豐富性。

深色花紋系列　個性潮男的穿著風格

適合一般身型。表面滿版細緻花卉印刷，完美細節立刻吸引眾人目光。建議在搭配這類花紋西裝，盡量避開對比色的穿著。另外可選擇簡單的飾品做搭配，更能彰顯出獨特的造型風格。

[　貼心小提示

巴黎的景致能為愛情留下永恆的回憶，新郎的造型與服裝也是非常重要的，因此建議聘請專業的造型師幫新郎依照新娘所挑選的禮服做整體搭配，讓人人稱羨的婚紗照更加完美！
]

整體造型彩妝介紹

美麗的婚紗照是每個女孩子心中夢寐以求的，而整體造型和彩妝更是重要，以下將介紹各種國內外彩妝造型，想要美美的新娘只要懂得簡單的妝髮步驟，就能成為眾所矚目的焦點！

Michelle Chang 老師

擁有 8 年的國內外彩妝造型經驗，經常與法國、加拿大、香港、中國及臺灣團隊合作造型彩妝，以及參與眾多名人時尚秀、電視、電影、舞臺劇、潮流雜誌拍攝及海外婚紗工作，專業的造型團隊，提供新娘祕書、特殊化妝、造型及彩妝課程等服務。
聯絡方式：www.hither-weddings.com

唯美韓風系 | 適合淡雅脫俗的婚紗風，極強唯美柔和感！

現在越來越多人想嘗試淡雅的韓風彩妝，但是怎麼畫都沒有明顯的差異，其實韓風彩妝主要在眉毛與眼線，眉毛會比較粗之外也比較類似一字眉，沒有弧度，眼線比較粗一點長一點，就會有很不一樣的效果！

妝法步驟

用淺色眼影打底，眼線平平的拉出比平常長約 0.5cm，寬度稍微寬一點點約 0.02cm，戴上自然型假睫毛。眉毛畫得比較寬，不要有角度，最後擦上裸色系口紅。

髮型步驟

韓系包頭方式如下：把頭髮打結部分都梳開，刮澎耳後頭髮，或是加入假髮讓頭部有澎度與弧度，噴上定型液後，把表面梳乾淨整齊，耳朵前面的頭髮順著剛剛做好的髮型夾上去，瀏海梳整齊後，稍微抓出一點澎度。

歐系包頭方式如下：把頭髮打結部分都梳開後，綁一個高馬尾，然後把馬尾分成 3 到 4 個區域，每一個區域都用內捲方式夾起來，最後用 U 型夾補中間空洞，再噴上定型液、把表面梳乾淨整齊，就大功告成囉！

韓系包頭

歐系包頭

Photographer / 橋克　Make up Artist / Michelle Chang
Model / Ling Chen

Photographer / 絕對　Make up Artist / Michelle Chang
Model / 蕭曄庭

自然裸妝系 | 廣受喜愛的風格之一，簡單又不失高雅！

妝法步驟

在底妝部分主要是強調皮膚的光澤與局部遮瑕，很多人以為一定要打全臉或是一定要上很厚才是打粉底，但有時打過厚的粉底反而會看起來很不自然！如果膚質很好，只需要局部遮瑕與加強臉部光澤，就可以像照片的新娘一樣，看起來清透氣色又好。先在全臉抹上妝前乳，再選擇適合自己顏色的粉底液，局部或是全臉加強。最後在全臉撲上薄薄蜜粉，加強 T 字部位可以增加吸油功效。

髮型步驟

為了在造型加上頭紗，所以髮型以簡單乾淨為主，強調新娘的氣質與婚紗飾品的整體感覺。建議瀏海部分盡量不要遮到眉毛，才不會蓋住美美的妝！

首先把頭髮打結部分都梳開，瀏海以自然分線為主，如果容易塌可以用吹風機吹或是把內部刮澎。接著把頭髮收乾淨，不會綁新娘頭的話，也可以用簡單馬尾纏繞起來變成簡單的包頭，記得一定要用髮夾與定型液加強造型，頭髮才不會變型；最後加上歐式網狀蕾絲，輕輕夾在兩側即可。

Photographer / Luna Production
Make up Artist / Michelle Chang

性感小煙燻系 | 搭配時尚的婚紗風格，性感又迷人！

Photographer / Luna Production
Make up Artistst / Michelle Chang

妝法步驟

　　很多新娘想嘗試與平常不同的感覺，但是又怕會不會太濃，反而與禮服不太搭配，所以在眼妝部分，可用自然大地色系眼影做漸層打底，加強眼睛輪廓，以黑色眼線稍微拉出比原本眼型還長的眼線，就像貓眼一樣性感，之後戴上自然款假睫毛外，可以在眼尾再加上局部半截假睫毛，最後補上正紅色的口紅，正紅色比較不挑膚色，幾乎任何膚色的新娘都可以使用，記得要用脣刷，這樣脣型才會勻稱！

髮型步驟

　　為了營造出彩妝性感的部分，所以以瀏海強調臉部線條，讓後面髮型簡單有力，且微捲的瀏海更能襯托出彩妝與氣質。

　　把打結的頭髮梳開後，瀏海可以刻意留一小段梳成旁分，在髮尾夾一點點捲，創造出有一點點神祕的性感。後面的髮型梳乾淨，可以綁上高馬尾，或是整個夾捲再隨意抓一下綁起來，再用電捲棒夾捲瀏海下半部，就會很有味道了。

復古紅脣系 | 適合色彩強烈的婚紗，擁有個人特色的高貴妝系！

Photographer / 橋克
Make up Artist / Michelle Chang

妝法步驟

　　想嘗試紅脣，但是又想要氣質典雅就可以用自然眼妝加強眼神，然後再搭配紅脣就可以獨具個人特色，但是又不會過度豔麗，這樣一來顯得高貴又典雅！

　　先用大地色做眼影漸層打底，戴上自然型的假睫毛，最後使用正紅色口紅即可，記得要用脣刷，這樣脣型才會漂亮！

髮型步驟

　　可用復古包頭帶出性感古典的風格，髮型以瀏海強調新娘臉部線條，讓後面髮型簡單俐落，而瀏海則是以微捲來襯托出彩妝與氣質。

首先把頭髮打結部分都梳開，瀏海以自然分線為主，如果容易塌可以用吹風機吹或是把內部刮澎。接著把頭髮收乾淨，不會綁新娘頭的話，也可以用簡單馬尾纏繞起來變成簡單的包頭，記得一定要用髮夾與定型液加強造型，頭髮才不會變型。

甜美粉嫩系 | 甜蜜的唯美婚紗，造型簡單的清純妝系！

想嘗試粉嫩口紅，但是又想要自然裸妝，這時候只要先畫好自然裸妝的眼神，再加一點點淺色珠光在眼頭打亮，強調睫毛中間的睫毛膏，讓眼睛有圓圓的甜美娃娃感，或是選擇中段比較長的假睫毛。另外，口紅不需要刻意描邊，有時候直接輕輕擦上去再加一點點唇蜜，讓唇部看起來更水水潤潤。感覺更甜美可愛。

Photographer / Kuna
Make up Artist / Michelle Chang

妝法步驟

先用大地色做眼影漸層打底，戴上自然型的假睫毛，口紅以粉紅色為主，記得要用唇刷，這樣唇型才會勻稱；不要忘記加上粉色腮紅，可讓甜美感加分！

髮型步驟

梳順頭髮，瀏海以自然分線為主，如果容易塌可以用吹風機吹或是把內部刮澎把頭髮收乾淨；不會綁新娘頭的話，也可以用簡單馬尾纏繞起來變成簡單的包頭。再把側邊的頭髮用扭轉方式夾到包頭上面，記得用定型液和髮夾加強，這樣頭髮才不易變型！最後再把瀏海往上夾、要有一點澎度，不需拉人用力。

貼心小提示

婚紗拍攝的新娘彩妝與一般彩妝不同，建議新人若要省錢自行 DIY 彩妝，可先和專業的新娘彩妝老師學習，讓一生一次的婚禮增添不同的個人特色！若新娘皮膚上有刺青、疤痕、胎記等困擾，可嘗試用「珠寶彩繪」遮瑕，以作者為例，因受皮膚炎困擾，所以也是用珠寶彩繪遮蓋，再搭配禮服做整體設計，讓每位新娘充滿更多自信！

法國蜜月行前規劃

了解法國
法國歷史

　　西元前十世紀時，高盧人即在法國定居。西元前一世紀，凱撒征服高盧，法國開始受羅馬統治長達 500 年時間。西元五世紀，原本居住於萊茵河的法蘭克人南下進入高盧，建立法蘭克王國；到了西元 800 年，查理曼擴大國土至昔日羅馬帝國下的全西歐，查理曼過世後，帝國在九世紀開始分裂，他的孫子禿頭查理 (Charles the Bald) 占有帝國西部，稱西法蘭克王國，即今日法國起源。

英法戰爭至法國大革命

　　1337 年英法爆發百年戰爭，法國大片領土被英國侵占，法王被擄，直到聖女貞德出現且奮勇抵抗，才喚起法國人民族意識，於 1453 年結束這場戰爭。但進入十六世紀後，

法國又發生長達 30 年的宗教內戰，直到十七世紀太陽王路易十四的登基，才替法國帶來繁榮局面。但路易十四任內奉行專制王權，大興土木建凡爾賽宮，且長年征戰耗損國庫，終於到路易十六時代，政權崩潰，爆發 1789 年的法國大革命。之後，法國曾短暫廢除君主制，建立共和政權；直到十八世紀末拿破崙崛起，才再次發動政變建立第一帝國。

世界大戰至今

　　1815 年拿破崙政權失敗，法國自此徘徊在共和與帝國政權間。1914 年至 1940 年的世界大戰期間，法國屢遭德國侵略，當時希特勒曾計畫全面性摧毀巴黎，所幸盟軍順利擊退德軍。二戰結束後，由戴高樂將軍組織的「自由法國」終於收復領土，1946 年 10 月法國通過新憲法草案，成立法蘭西第四共和，1958 年 9 月，第五共和取代第四共和，直到現在。

法國文化

　　曾受羅馬帝國統治的法國，在十二世紀後漸漸興盛，開始有了偉大建築如聖母院及羅浮宮；而路易十四專制時代，除了大舉建造宮殿城堡，也創造經典的凡爾賽宮。20 個世紀以來，充滿智慧的法蘭西人民創造無數瑰寶和歷史遺蹟，在世界遺產名錄中，法國就擁有 28 項。且法國相當重視文化產業，音樂家、藝術家、作家或是歷史學者等，在法國社會都有崇高的地位，政府更於 1960 年代撥出鉅款推動地方產業文化，造就數位科技和藝術文化快速地成長，發展成今日國際聚焦的文化勝地。其他法國基本資訊如下：

- 面積：約 551,602 平方公里，含海外屬地面積為 674,843 平方公里
- 首都：巴黎（Paris）
- 人口種族：據法國 Indee 統計，2014 年已達 6,600 萬人以上。如今在種族多元化的法國，除原有的高盧人、法蘭克人和拿破崙時期的外來種族，目前又融入大量北非人、越南人和華人。
- 語言：法文為主要語言，另有亞爾薩斯語、法蘭德斯語、布列塔尼語和其他方言。
- 氣候：法國屬海洋性氣候，各地氣候多變，西部沿海溫暖，內陸溫差較大，地中海區夏季炎熱乾燥。首都巴黎春秋溼冷多雨，冬夏兩季氣候分明。4 月到 10 月為法國旅遊旺季，近幾年歐洲各國夏天飽受熱浪侵襲，到法國旅遊之前應先做好防署準備。夏季早晚氣溫變化大，可準備薄外套隨身備用；秋季 9、10 月經常下雨，平時需準備雨具；冬季 11 月到 3 月寒冷下雪，須準備防寒外套雪靴。

- 時差：GMT+1，臺灣時刻 -7 小時。
- 電源規格：220 伏特、50Hz、雙孔圓型插座。
- 國際電話：臺灣直撥法國 002（國際冠碼）+33（法國國碼）+ 區域碼 + 電話號碼。
  法國直撥臺灣 19（國際冠碼）+886（臺灣）+ 城市碼 + 電話號碼。
- 洗手間：法國除了市區有免費公用廁所外，在一般觀光景點上廁所幾乎都需要付清潔費，約 0.5 至 2 歐元不等，所以有提供免費洗手間的地方最好多多利用。

法國店家　　　　　　　　　　　　法國銀行 ATM

• 營業時間：

◆ 大部分商店營業為周一到周六 9:00 至 19:00；周日和國定假日除特定的假日市集外幾乎都休息，連有些百貨公司也不例外。

◆ 郵局營業時間為周一至周五 8:00 到 17:00 或 19:00，周六 8:00 到 12:00，國定假日休息。

◆ 銀行一般營業時間為周一到周五 8:30 至 12:00、13:30 至 17:00，周六及國定假日休息。

◆ 各家超級市場營業時間不一樣，通常從周一到周六 9:00 到 20:00，部分則會到 21:00 或 22:00。

巴黎住宿
地區概況

　　巴黎分為大巴黎跟小巴黎，小巴黎的行政區域以西堤島（Île de la Cité）為中心，順時針方向以螺旋狀向外分布二十區；建議居住在第一至十六區內，距離各景點也較方便，而第三、十、十一區出入分子較複雜，要稍微注意安全，第十七至二十區治安比較不好，搶劫案時有耳聞，除隨時注意自身安全外，晚上 6 點過後不建議在這幾區逗留！

巴黎分區圖

❶ 羅浮宮　　　❺ 盧森堡公園　　❿ 巴士底廣場
❷ 瑪黑區　　　❻ 巴黎鐵塔　　　⓫ 蒙帕納斯
❸ 聖母院　　　❼ 傷兵院　　　　⓬ 蒙馬特
❹ 索邦大學　　❽ 凱旋門　　　　⓭ 拉雪茲神父公墓
　（拉丁區）　❾ 香榭麗舍大道

F.R.AH

羅浮宮日景

位於第三區的畢卡索美術館

羅浮宮夜景

杜樂利花園

一至三區

　　巴黎比較古老的區域，第一區是博物館大區，舉世聞名的羅浮宮、橘園美術館（Musée de l'Orangerie）、王室宮殿（Le Palais Royal）、杜樂利花園、磊阿勒商場（Forum des Halles）、藝術橋等都在這裡。第二區有幾個經典的老巴黎商業區，這一帶有很多不錯的餐廳和咖啡館，如施華瑟拱廊街（Le passage Choiseul）和薇薇安拱廊街。第三區則是博物館、畫廊和藝術商店進駐地。

四至六區

　　橫跨巴黎右岸的第三區和第四區有便宜好逛的瑪黑區（Le Marais），這裡有很多新潮創意小店，特別是有名的猶太區薔薇街（Rue des Rosiers），十九世紀時，猶太人移居到這個區域，因此開設很多具猶太風格的餐廳及特色商店。而第四區內有龐畢度中心（Centre Georges Pompidou）、孚日廣場（Place des Vosges）、雨果故居（Maison de Victor Hugo）及西堤島上的巴黎聖母院、聖禮拜堂（La Sainte Chapelle）等。

　　第五區是巴黎最古老的地區，早在西元前一世紀羅馬人就已定居在此，聖米歇爾大道（Boulevard Saint-Michel）和聖雅克路（Rue Saint-Jacques）之間的 Soufflot 路上的中央廣場就是當時所修建，而古羅馬人也在這建立了拉丁區（Le Quatier Latin），附近林立許多商店和餐館。此區重要景點有著名的索邦大學（Sorbonne）、萬神殿（Panthéon）、植物園（Jardin des Plantes）、清真寺（Grande Mosquée de Paris）及阿拉伯文化中心（Arab World Institute）等。

龐畢度中心

聖母院

　　第六區是經典左岸區，擁有許多精品甜點和咖啡廳，如波寇伯咖啡（Le Procope），作家伏爾泰、盧梭、巴爾扎克、雨果等都經常在這生活。住在這幾區的居民大多是藝術家、明星演員或是年輕企業家，歷史悠久的聖日耳曼德佩修道院（Abbaye de Saint-Germain-des-Prés）和盧森堡公園（Jardin de Luxmbourg）也在此區。

巴黎鐵塔

傷兵院

奧塞美術館

巴黎歌劇院

七至九區

　　為巴黎最昂貴地區，居住著大批政商名流。第七區除有巴黎鐵塔、傷兵院（Les Invalides）和奧塞美術館（Musée d'Orsay）等重要景點外，法國重要政府部門如總理府、大使館、國防部、交通部等也都在這一帶。第八區是巴黎最熱鬧、遊客最多的一區，有香榭麗舍大道（les Champs-Élysées）、凱旋門（Arc de triomphe de l'Étoile）、瑪德蓮（Place de la Madeleine）及協和廣場（Place de la Concorde），也擁有眾多知名辦公大樓、奢華的百貨公司和精品店，法國總統府、內政部也位於此區。第九區內則有巴黎歌劇院（Opéra de Paris）、拉法葉百貨、春天百貨，以及著名的巴黎天主教聖三教堂（Église de la Sainte-Trinité）。

1~2 巴士底歌劇院（圖片由林逸叡提供）

十至十二區

　　第十區內有北站及東站兩大火車站、中小型酒店和紅燈區，周圍治安較差，有時遊客易遭受小偷扒手劫財。而第十一區為巴黎最密集住宅區，此區有不少餐廳、咖啡館和市集，批發市集較多。第十二區位於巴黎東邊，為一般住宅區，內有不少的小型酒店、醫院。這裡有知名的貝西公園（Parc de Bercy）、巴士底廣場（Bastille）及巴士底歌劇院（Opéra Bastille），著名的餐館為里昂車站（Gare de Lyon）內的藍色列車餐廳（Train Bleu），為電影明星經常用餐的地方。而巴士底廣場原本為用來關思想犯、政治犯的監獄，法國大革命時因象徵王權而被人民推倒，現在變成新興商店、酒店的休閒地區；不變的是，這裡仍然是抗議團體的聚集地。

十三至十六區

　　第十三區是華人聚集地區，近年來的都市發展，高樓大廈林立，亞洲餐館也很多，是購買華人用品的好地區。這裡有唐人街、義大利廣場、密特朗圖書館和巴黎最大的薩伯特慈善醫院（Pitié-Salpêtrière Hôspital）。
　　位於南部的第十四區有不少的咖啡館和精品商店，著名景點有巴黎天文臺、地

蒙帕納斯墓園（圖片由 Sim 提供）

下墓園、蒙帕納斯墓園（Montparnasse Cemetery）及戲劇院。這裡有兩個特別的咖啡館，圓頂咖啡館（La Coupole）和丁香園咖啡館（La Closerie des Lilas），都是名人和藝術家經常去的地方。另外，著名的蒙帕納斯墓園，作家沙特、西蒙波娃、巴黎歌劇院建築師加尼葉等都葬於此地。

　　第十六區位於塞納河和布隆森林（Bois de Boulogne）之間，夏洛特宮、東京宮（Palais de Tokyo）都在這，還有眾多博物館、學校和大使館。

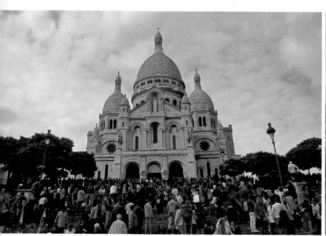
聖心堂

從聖心堂俯瞰巴黎

十七至二十區

　　第十七區位於西北邊，此區北部屬於住宅區，南部則為商業區。也是阿拉伯和非洲移民聚居區，治安情況稍微複雜。更北的第十八區則有著名的聖心堂、愛牆及蒙馬特廣場，是藝術家及藝文人士聚集的地區，另外紅燈區及紅磨坊夜總會也在這，為巴黎夜生活場所，夜晚時盡量不要在此逗留。

　　第十九區位於巴黎東北邊，為典型平民區，也是巴黎第二大華人聚居區，區內有歐洲最大的維萊特科學園區（City of Science and Industry）、巴黎音樂學院和秀蒙丘公園（Parc des Buttes Chaumont）。第二十區是位於巴黎東邊的一般住宅區域，擁有許多學校及醫院，其中拉雪茲神父公墓（Père Lachaise Cemetery）是法國巴黎市區內最大的墓地，也是法國五大戰役的墓園，音樂家蕭邦、作家巴爾札克、畫家畢沙羅（Camille Pissarro）等名人都葬於此地，附近有許多特別的餐廳和酒吧。

蒙馬特廣場

蒙馬特廣場

紅磨坊

紅燈區

貼 心 小 提 示

住宿建議選擇較接近市中心的地點，既擁有交通方便性又能兼顧安全性，作者當時選擇住在第五區，
距離市中心非常近，因此省下更多的時間來遊玩。

最方便的民宿網站　Airbnb

　　成立於 2008 年 8 月的 Airbnb，總部位於美國加州舊金山。Airbnb 的網站提供了各式各樣的特色房源，可以根據價格、地區、人數來挑選理想的出租公寓。讓你外出旅遊時，可隨時訂房付款或出租房屋。除此之外，有些熱心的房東會提供當地的旅遊資訊，或是推薦美食佳餚，擁有這麼多吸引人的原因，使用 Airbnb 預訂民宿一定會讓你愛不釋手！

　　提早規劃旅遊行程，可節省時間金錢，上圖為我們在巴黎第五區的出租套房，房間每晚價格為 20 歐元，提供網路、廚房、衛浴設備，離地鐵站只要 5 分鐘，周邊生活安全且機能佳，sharehouse 在國外非常盛行，不但可融入當地文化，還能結交到非常多朋友！
• 網址：zh.airbnb.com

info

其他民宿網站
B&B 全球民宿：
www.bedandbreakfastworld.com
Wimdu 德國全球民宿：
www.wimdu.com
Homeway 美國全球民宿：
www.homeaway.com
Roomorama 如美家民宿：
roomorama.com

貼心小提示

　　若要租借 sharehouse，可多多詢問外國人住宿上的問題，避免文化差異造成誤會。此外，建議多利用機會與房東聊天談話，他們會告訴你一些當地人才知道的美食及私密景點唷！

法國房屋仲介網站　Lodgis

Lodgis 網站為法國房屋仲介出租網，從 1999 年開始在巴黎提供公寓租賃的服務，主要客群為國外觀光客和在巴黎短期租屋的商務人士，並提供長期公寓的出租服務。網站有中文介面，可依照巴黎 20 個地區選擇，或依租金、人數、設備選擇理想的出租公寓。另外仲介還提供貼心的郵件問候功能，根據上次瀏覽的紀錄查詢，主動聯繫客戶並給予適合的房源參考。

Lodgis 網站

• 網址：www.lodgis.com

info

其他房屋仲介網站

Homelidays 全歐洲的公寓租賃：www.homelidays.co.uk
Paris Attitude 巴黎公寓租賃：www.parisattitude.com
Parisian Home 巴黎人公寓租賃：www.parisianhome.com

飯店訂房網站　Booking.com

成立於 1996 的訂房網站 Booking.com（Priceline Group 集團），遍布全球 200 多個國家，為目前最大的網上住宿預訂公司。其中好用的手機 App 簡易功能，讓消費者能更方便的預訂住宿，網站也不定時會推出優惠折扣。而 Booking.com 最大的優點，在於訂房時只要求提供信用卡資料，不需立刻付款，可以於入住時再向酒店支付，但還是有取消訂房政策的規定期限，如超過期限取消或當天未入住，部分酒店就會從信用卡直接收取當日的訂房費用。

Booking.com 網站

• 網址：www.booking.com

info

其他飯店訂房網站

Hotels.com 全球飯店訂房：zh.hotels.com
Expedia 旅遊機票飯店預訂：www.expedia.com.tw
Tripadvisor 全球飯店機票搜尋：www.tripadvisor.com.tw

交通規劃
從機場前往巴黎市區

　　巴黎目前有兩座國際機場，戴高樂機場（Charles de Gaulle International Airport, CDG）為法國主要的國際機場，國際航班線大多降落於此。機場位於離巴黎市中心東北 25 公里處的羅西（Roissy）地區，故又稱為羅西機場。機場設有 T1、T2 及 T3 三個航廈，各航廈間可搭乘電車（CDGVAL）。最大的 T2 航廈規劃了 A 至 F 共 7 個候機大廳，彼此之間距離非常遠，切記要提早準備。

　　巴黎另一個機場為位於市中心南方 13 公里處的奧利機場（Orly Airport, ORY），設有西站（Ouest）和南站（Sud）兩個航廈，之間也可搭乘電車（ORLYVAL）往返。在戴高樂機場建成前，這座機場是全巴黎最重要的機場，現在主要是國內航班和歐洲國際航班停降處。

　　戴高樂與奧利機場間也可利用電車或法航巴士往返。而住處離地鐵站近的遊客前往市區時，一般可選擇搭乘 RER B 線到市區轉乘地鐵，也可利用 TGV 鐵路、法航巴士、公車或計程車到達目的地。

 info

巴黎機場：
www.aeroportsdeparis.fr

戴高樂機場（圖片由 Sim 提供）

郊區快車 RER

從戴高樂機場出發，機場 T2 及 T3 航廈可搭 RER B 線到北站（Gare de Nord），每10 至 15 分鐘發車，車程約 28 分鐘；到市中心 Châtelet-Les-Halles 站需 28 分鐘。票價 9.50歐元，接受 1 至 5 區的 Navigo 周票。

從奧利機場出發可搭乘 T7 線電車（Tramway）至 Aéroport d'Orly 站，再轉乘地鐵至市區，或搭乘接駁巴士至 RER C 線 Pont de Rungis 站，每 20 分鐘一班，車程約 25 分鐘；另外也可乘坐電車（ORLYVAL）至 RER B 線的 Antony 站，每 20 分鐘發車，車程約為25 分鐘，票價 11.30 歐元，含 ORLYVAL 及 RER B 線。

機場巴士 Les Cars Air France

法航機場巴士規劃了 4 條路線，兩個機場航廈均有巴士候車站，大件行李的旅客可多加利用，其他機場巴士資訊如下表：

		發車時間	班次（／班）	車程	票價
法航	Ligne 1	6:00~23:40	20 分鐘	60 分鐘	單程票 € 12.5 來回票 € 21
		奧利機場 ↔ 蒙帕納斯大樓（位於車站旁）↔ 傷兵院 ↔ 凱旋門			
	Ligne 2	5:45~23:00	30 分鐘	60 分鐘	單程票 € 17 來回票 € 29
		戴高樂機場（T1&2）↔ Porte Maillot ↔ 凱旋門			
	Ligne 3	5:55~22:30	30 分鐘	75 分鐘	單程票 € 21 來回票 € 35.5
		戴高樂機場（T1&T2）↔ 奧利機場（Ouest & Sud）			
	Ligne 4	6:00~22:00	30 分鐘	75 分鐘	單程票 € 17.5 來回票 € 30
		戴高樂機場（T1&T2）↔ 里昂車站 ↔ 蒙帕納斯大樓			
羅西巴士 Roissybus		5:45~23:00	15~20 分鐘	60 分鐘	單程票 € 10
		戴高樂機場各航廈均有設停靠站開往市區 Roissybus，終點為巴黎歌劇院 www.aeroportsdeparis.fr			
奧利巴士 Orlybus		5:35~23:30	15~20 分鐘	30 分鐘	單程票 € 7.5
		奧利機場西、南航廈均有設停靠站，開往市區 Roissybus，終點站為 Denfert Rochereau 車站，可轉搭地鐵或 RER www.ratp.fr			

火車 Train

欲搭乘火車，可在戴高樂機場 T2 航廈轉搭 RER 至各大火車站。或在奧利機場搭乘 RER 至各大火車站。
• 網址：www.ratp.fr

公車 Bus

從戴高樂機場的 T1、T2 兩個航廈，可搭乘公車 350、351 抵達市區，票價為 5.1 歐元或刷三張 Ticket t+，每 15 至 30 分鐘一班，車程約 45 至 60 分鐘。從奧利機場可搭乘公車 183、285、292 或 91.10 前往市區，每 15 至 30 分鐘一班，單程票價 1.9 歐元。

計程車 Taxi

從戴高樂機場搭計程車到市區，車程約 40 至 50 分鐘，車資約 45 至 60 歐元。從奧利機場到市區，車程約 20 至 40 分鐘，車資約 40 至 50 歐元。以上為日間車資費用，夜間 17:00 至 22:00 及跨夜班 19:00 至 7:00 需加收費用，如遇上周末、假日，另外加成計算。

RENNES 火車站

法國鄉鎮火車站

巴黎地鐵（圖片由 Sim 提供）　　　　　　巴黎地鐵

市區交通

　　巴黎市區交通規劃十分完善，大眾交通運輸工具分別為地鐵 Métro、高速郊區快車 RER、市區公車 Bus、電車 Tramway，以及開往其他地區的火車 Train。 第一至四區的市區景點，或塞納河西堤島附近非常適合步行到達，距離較遠的地方則可搭地鐵或 RER。

巴黎地鐵

巴黎地鐵（圖片由 Sim 提供）

Blanche 地鐵站出口

便利迅速的地鐵 Métro

　　巴黎地鐵目前有 14 條路線，分別為 M1 至 M14，最早的 1 號線於 1900 年完成，如今地鐵年運客量高達 15 億，是全球排名前十名。巴黎地鐵的營運公司為 RATP（Régie Autonome des Transports Parisiens），主要運行於市中心和部分近郊，站與站之間平均距離為 500 公尺，點多而密集，非常方便。巴黎市區內的主要景點大都可搭乘地鐵，路上的 M 或 MÉTRO 的字樣標誌，就是代表地鐵站入口。進入之後旁有售票機或服務處，通道則有驗票感應機，搭乘期間記得一定要隨身攜帶車票以備檢查員驗票，而出口通道幾乎沒有驗票機，只要推開閘門就可直接出站，這樣的設計快速方便又省時。

- 運行時間：5:30~0:30，周五，周六以及節日前夕會延長運行到 2:15
- 尖峰期班次較多，平均 2~3 分鐘一班，夜間、周六日車次較少

郊區快車 RER

郊區快車 RER（圖片由 Michelle Chang 提供）

郊區快車 RER

　　高速且運行距離廣的 RER（Réseau
Express Régional），是想前往郊區的凡爾
賽宮、楓丹白露或是迪士尼等不可或缺的
交通工具！

　　RER 目前共有 A 至 E 五條路線，車
站入口處有 RER 字樣標誌，部分跟地鐵
站可相通。RER 營運範圍雖廣，且部分
停靠點涵蓋地鐵路線，但班次和密集度都
沒有地鐵來得多。由於 RER 部分有分支
線，班車目的地不同，每班停駛地點稍有
差異，所以上車前，除了記得注意月臺螢
幕顯示的目的地外，也要看清站臺是否有
亮代表停靠的紅黃燈。另外，有些 RER
車廂內會標明目的地，站點之間也是用燈
號標明停站地點；RER 出入口處有設置
驗票機，轉乘不同路線時會需機器驗票。

• 運行時間：約 4:45~0:30，各路線班次發
　車不同，請上 RATP 官網查詢

郊區快車 RER（圖片由 Michelle Chang 提供）

車票一點通

巴黎交通分為五大區，主要區域景點範圍如下：

Zones	區域範圍
Zones 1	一至二十行政區
Zones 2	文森城堡等周邊市區
Zones 3	新凱旋門（La Grande Arche de la Défense）一帶
Zones 4	凡爾賽宮及奧利機場等郊區
Zones 5	戴高樂機場、歐洲村、迪士尼樂園和楓丹白露宮等

巴黎的地鐵車票都是以次數計算，Zones 2 以內無論是搭地鐵或 RER 費用都一樣。要乘坐到 Zones 1 至 Zones 2 的小巴黎以外的地方，票價採用乘車區間做為等級劃分，以巴黎市區 Zone 1 為中心，2011 年 7 月 1 日起，原本的 5、6 兩區合併為第 5 區，票價以第 5 區計算。

單程票　Ticket t+

可於有效區域內自由搭乘，一個半小時內使用完畢，可以轉乘同類型大眾運輸工具，如地鐵跟 RER，電車跟市區公車等，但同一張票不能使用在不同類型的運輸工具上，像是使用過地鐵不可再轉搭市區公車。

單程票

• 票價：一張 € 1.7

回數票　Carnet

等同一次購買 10 張單程票，可享八折優惠，不限個人使用，也沒有使用期限，若時間久磁性消失還可更換。若是旅行範圍都是 Zones 1 至 Zones 2 的話，建議購買回數票會比較划算。

• 票價：一次 10 張 € 12.7，每張平均 € 1.27

回數票

聖拉薩扎爾（Saint-Lazare）車站 　　　售票機

一日票　Mobilis

　　在有效區域範圍內，一天不限次數和車種使用，有效
期限是早上 5:30 到隔日 5:30，使用前需在票上簽名並填上
使用日期。特別要注意的是，就算購買 Zones 1 至 Zones 5
的票種，還是不能直接搭乘到戴高樂機場和奧利機場，查
票人員會開收罰金。

一日票

• 票價：Zones 1~Zones 2 € 6.8、Zones 1~Zones 3 € 9.05、Zones 1~ Zones 4 € 11.2、Zones
　　　1~Zones 5 € 16.1

青年假日票　Ticket Jeunes Week-end

　　限 26 歲以下並且只能於周六、日或假日使用，一天
內不限次數和車種使用，使用前需簽名並填寫使用日期，
查票時須出示證件。特別要注意的是，如果購買的是 Zones
1 至 Zones 5 的票種，是不能直接搭乘到戴高樂機場和奧利
機場，查票人員會開收罰金。

假日票

• 票價：Zones 1~Zones 3 € 3.75、Zones 1~Zones 5 € 8.10、Zones 3~Zones 5 € 4.75

周票 / 月票　Pass Navigo Découverte

　　巴黎之前所發行的橘卡（Carte Orange）已全面更換為 Navigo 卡（Pass Navigo Découverte），使用上類似臺灣捷運卡，依照區域價格，一次可加值一周或一個月，期限到了再儲值。購買後的連續天數內不限次數和車種使用，辦卡需準備 1 吋大頭照，並在使用前需簽名；特別要注意的是，這個卡可儲值到涵蓋機場的使用範圍，可搭乘到戴高樂機場和奧利機場等地。

- 使用方式：周票使用效期為周一至周日，因天數關係越早買越划算，周四（包含）前可儲值當周周票；周五（包含）後只能儲值下周周票，於下周一開始搭乘；而月票效期為每月的 1 日到當月最後一天
- 票價：開卡皆需 € 5（退卡不退費），費用依照所需區域儲值

	周票價格	月票價格
Zones 1~2	20.40	67.10
Zones 1~3	26.40	86.60
Zones 1~4	32.00	105.40
Zones 1~5	34.40	113.20
Zones 2~3	19.25	63.20
Zones 2~4	24.40	80.10
Zones 2~5	28.20	92.80
Zones 3~4	18.45	61.00
Zones 3~5	22.50	74.20
Zones 4~5	17.95	59.00

Navigo 卡

巴黎通行證

巴黎通行證　Paris Visite

　　旅遊行程在 5 天以內的話，就可以考慮購買巴黎通行證，天數可選擇 1、2、3、5 天，期限內不限次數和車種搭乘，使用上需先簽名和標註開始使用時間；各大旅遊景點、如旅遊觀光巴士或是塞納河遊船等都有相關配合折扣。如需往返機場，也有涵蓋機場的票種可選擇。

	1 Day	2 Day	3 Day	5 Day
Zones 1~3	€ 10.85	€ 17.65	€ 24.10	€ 34.70
Zones 1~5（含機場區域）	€ 22.85	€ 34.70	€ 48.65	€ 59.50

必吃美食

法國除了是旅遊勝地外，首都巴黎更擁有舉世聞名的美食料理，像是極盡奢華的米其林餐廳、充滿歷史人文的咖啡館、令人驚豔的甜點蛋糕以及著名的拉法葉美食超市，這些讓人垂涎三尺的法式美食，都是吸引無數觀光客的最佳理由。

法式餐廳

莫里斯　Le Meurice Restaurant

1835 年成立於巴黎羅浮宮旁的莫里斯酒店（Hotel Le Meurice），為巴黎頂級酒店之一，從十九世紀起就被人們冠以「國王酒店」。2013 年起被米其林評選為值得拜訪最高榮譽三顆星，且擁有五項刀叉的舒適度。在這裡擁有華麗精緻的美食，餐廳室內裝潢就如凡爾賽宮裡的王室宮廷，歷年來為歐洲王室貴族的最愛。只要走進莫里斯餐廳，就能感受到無微不至的貴族式服務，華麗的用餐環境，巴洛克式的挑高天花壁飾、美麗的水晶吊燈以及壯觀的古典壁畫；對於每一份料理也都以最優雅的方式呈現，同時兼具無限創意和美味，在餐具使用上也是別有用心，每道菜除了提供適合的餐具外，餐盤刀叉也是每次都會重新更換，就是為了能讓顧客更舒適地品嚐料理。

info

地址：228 Rue de Rivoli, 75001 Paris
網址：www.dorchestercollection.com/en/paris/le-meurice

貼心小提示

想品嚐米其林法式料理，巴黎絕對是最佳選擇。一般高級餐廳都有服裝限制（dress code），建議最少準備一套合適的西裝外套及禮服前來用餐，否則是無法進入餐廳的喔！

達利　Le Dali

　　莫里斯飯店裡頭除了有昂貴美味的米其林餐廳，還有獨具一格的達利餐廳；名稱由來是因為西班牙超現實主義畫家薩爾瓦多·達利幾乎每年都會在此長待，因此酒店大部分裝潢也都是達利知名作品；2007 年並邀請設計鬼才菲利浦·史塔克(Philippe Starck) 重新規劃設計。

　　天花板 45 平方公尺的巨型壁畫，是菲利浦·史塔克的女兒 Ara 特地為餐廳創作的，金色與棕褐色的創意空間讓人彷彿置身達利的超現實夢境裡；在菲利浦的巧手下，處處擁有達利風格的奇幻作品，餐廳裡頭的金色座椅及布簾落地燈，也是依照達利畫作打造，整體視覺營造帶給客人無限想像的用餐環境，近年來已成為巴黎時尚男女的絕佳約會場所。

info

地址：228 Rue de Rivoli, 75001 Paris
網址：www.dorchestercollection.com/en/paris/le-meurice

經典咖啡店：花神與雙叟

花神咖啡館

創立於 1887 年的花神咖啡館（Café de Flore），位於巴黎第六區聖日耳曼大道（Boulevard Saint-Germain）和聖伯努瓦街（Rue St. Benoit）轉角處，以古羅馬女神 Flore 為名，是西蒙波娃、沙特和卡繆等法國文人作家經常前往用餐的咖啡館。店面裝潢隨處都有花花草草，整間充滿綠意非常舒適自然，裡頭搭配著簡單的長椅壁飾，不浮誇做作的店內裝飾，更是悠然自得，非常適合在此沉思寫作。二十世紀時，花神深受巴黎藝文界人士的喜愛，因此成為「存在主義」和「超現實主義」的啟蒙發源地；店內的花神濃縮咖啡（Cafe Express Flore）有著獨特的杏仁果香，香濃的熱巧克力也是每個觀光客必來品嘗的招牌飲品。

雙叟咖啡館

與花神相隔不遠的「雙叟咖啡館」（Les Deux Magots），也是文人作家的聚集地。咖啡廳的名字來自於柱子上的兩個木製雕像，法國作家尤瑟納（Marguerite Yourcenar）、美國作家海明威、畫家畢卡索都是常客，咖啡館也曾出現在 1973 年電影《母親和妓女》（La maman et la putain）以及 1959 年侯麥（Éric Rohmer）的電影《獅子座》（Le Signe du Lion）中。自 1933 年以來，每年都會舉辦雙叟文學獎，獎勵該年優秀的文學作品。

info

花神咖啡
地址：172 Boulevard Saint-Germain, 75006 Paris
網址：www.cafedeflore.fr

雙叟咖啡
地址：6 Place Saint-Germain des Prés, 75006 Paris
網址：www.lesdeuxmagots.fr

雙風車咖啡館　Café des Deux Moulins

　　蒙馬特區有兩個非常有名的景點地標，一個是紅磨坊（Moulin Rouge），另一個就是因電影《艾蜜莉的異想世界》而轟動一時的「雙風車咖啡館」。從原本寥寥無幾的來客數，到如今成為全球觀光客的旅遊勝地，雙風車別於其他咖啡館的店內裝潢，整體採用流線黃色霓虹燈管，搭配現代風格的室內裝飾，吧臺營造出都會設計風格。喜歡艾蜜莉的朋友，不妨來置身電影裡的場景吧！

info　　地址：15 Rue Lepic, 75018 Paris

精 品 甜 點

安潔莉娜　ANGELINA

　　創立於 1903 年的 ANGELINA 為法國著名甜點店，開幕至今吸引無數政商名流，其中包括作家普魯斯特、可可‧香奈兒和奧黛麗‧赫本等。她的風采不僅是一家咖啡甜點店或是餐廳，更是法式美食風格代表。也是巴黎少數目前可以在店內用餐的甜點品牌，店裡擁有典雅的風格壁飾，點上一杯傳統手藝調配的香濃熱可可，配上「白朗峰」栗子蛋糕，就能在此待上一個下午的時間。這款栗子蛋糕以歐洲最高的白朗峰命名，外形就

像山峰的最頂端，內部為清爽奶油搭配外部栗子口味醬料，是 ANGELINA 眾所皆知的經典甜品。

另外，旗艦店內提供各式法式甜點，如閃電泡芙、馬卡龍、檸檬蛋糕和杯子蛋糕，羅浮宮的內用餐廳更有供應鹹食餐點。從二十一世紀起，ANGELINA 除了在巴黎及世界各地陸續增設更多的店面外，近年來在日本更擁有多達 16 家的分店，吸引無數觀光客，就連平時也是一位難求。

info

地址：226 Rue de Rivoli, 75001 Paris
網址：www.angelina-paris.fr

Pierre Hermé

為巴黎最受歡迎的馬卡龍名店之一的 Pierre Hermé，創始於 1996 年，並於 2001 年在巴黎設店。創辦人 Pierre Hermé 有「甜點界畢卡索」之稱，從小出生於甜點世家，自 14 歲開始糕點製作生涯。Pierre Hermé 致力於甜點上的創新，根據不同季節的各種水果食材，結合出許多讓人驚艷的產品，更提供其他創意的法式甜品，如巧克力、水果蛋糕、奶油泡芙以及各式起士蛋糕等。相對於馬卡龍界的龍頭老大 Ladurée，大膽創新的 Pierre Hermé 為甜點界帶來一股全新的創意概念。黑色沉穩時尚的店面設計，搭配各種顏色的精緻甜品，Pierre Hermé 更訂定每年 3 月 20 日為馬卡龍節，並固定免費發放三個馬卡龍給進門的顧客，吸引無數的消費者專程來此朝聖！

info

地址：72 rue de Bonaparte, 75006 Paris
網址：www.pierreherme.com

點 心 小 提 示

建議來到巴黎一定要品嘗馬卡龍，新鮮冷藏的味道及口感真的很不一樣，前來體驗精美的裝潢也是讓甜點加分的關鍵，都來到巴黎了，怎麼能說沒吃過法式創意甜點呢！

必逛百貨美食　Galeries Lafayette Gourmet

　　創業於 1896 年的拉法葉百貨（P116），因發音近似廣東話老佛爺又稱老佛爺百貨，為巴黎規模最大、最具知名度的百貨公司。拉法葉百貨的美食超市擁有非常多在地食材，如世界頂級的松露品牌 Maison de la Truffe、百年鵝肝品牌 Maxim's 和新鮮魚子醬（Petrossian）等，或是來自世界各地的豬肉火腿、起士、蛋糕甜點，以及特殊茶葉、咖啡豆、巧克力，甚至是特級橄欖油、各種調味佐料或是罐頭食品，真的是應有盡有！除了擁有各種新鮮海產肉類，現場更可點選你要的食材進行烹煮，經過調理擺盤後即可上桌；也可在商家挑選火腿肉作切片，再依照套餐搭配潛艇堡或美酒品嘗。對於熱愛法式美食的觀光客來說，拉法葉超市有如美食天堂，來到法國千萬不可錯過她！

貼 心 小 提 示

拉法葉超市所賣的商品比一般超市精緻美味，作者經常利用超市的新鮮食材，在家自製潛艇堡或其他料理。建議想省錢做料理的讀者，也可在一般超市或市集買到烤雞腿，大約 2 歐元，再搭配現烤麵包或馬鈴薯，方便美味又可快速填飽肚子！

必逛巴黎市集　Marché

　　巴黎當地有許多假日市集，這裡介紹巴黎第五區小有名氣的蒙赫市場（Marché Monge），這區附近有許多著名景點，像是盧森堡公園、自然歷史博物館及萬神殿等，也是地鐵人潮必經的路程。市集擁有許多新鮮的蔬果、好吃的法國麵包、新鮮的海鮮淡菜、好吃的馬鈴薯烤雞，還有許多當地盛產的水果，商品琳瑯滿目處處充滿驚奇，逛街就像是在挖寶一樣。購買時法國人對我們總是相當熱情，時常大方地給我們一個超大的微笑；建議大家有時間不妨去附近的市集體驗一下，可能有令你意想不到的驚喜喔！

info

蒙赫市場
交通：地鐵 7 號線於 Place Monge 站下
時間：周三與周五 07:00~14:30，周日 07:00~15:00
地址：Place Monge, 75005 Paris

巴黎在地市集介紹
網址：meslieux.paris.fr/marches

購物與退稅

　　法國到處是琳瑯滿目的國際精品，如拉法葉百貨公司、春天百貨公司（Le Printemps）或是玻馬舍百貨公司（le Bon Marché）等，路上的街道巷弄更有不少購物廣場，每當巴黎折扣季就是觀光客的購物天堂。不僅歐洲名品在當地可以拿到比較優惠的價格，到 Outlet 歐洲村購物也是不錯的選擇，除了可以享有 40 至 70% 的折扣，外籍觀光客還能獲得退稅的優惠呢！來到法國購物前，別忘了事先研究好血拼的相關資訊，讓自己也增添不少時尚話題吧！

拉法葉百貨　Galeries Lafayette Haussmann

　　開始於 1893 年的拉法葉百貨為巴黎最富盛名的購物百貨。擁有「奢華時尚殿堂」之稱，獨特的建築裝飾，在法語裡有著「長廊」（Aux Galeries Lafayette）的意思，1912 年在法國天才建築師 Ferdinand Chanut 的巧手改造下，百貨店面才真正開始大放異彩。其內部黃金璀璨的新拜占庭式風格玻璃穹頂籠罩整個商場，使得商品百貨也開始閃耀起光芒；

而寬大華麗的手扶梯靈感則是來自於巴黎歌劇院的大廳設計，這些都是這間百貨公司的經典象徵。拉法葉百貨地理位置優越，靠近巴黎歌劇院和重要的商業大道，鄰近聖拉薩扎爾（Saint-Lazare）車站，吸引眾多巴黎郊區及歐洲觀光客前來購物。拉法葉百貨更於 2001 年決定開設畫廊，展示空間與百貨二樓相連接，在巴黎長期推廣時尚藝術，造就更多的藝術與商業結合。

　　此外，拉法葉百貨也是名人必訪的購物天堂，如英國王儲查爾斯王子、溫莎公爵夫人、前美國總統柯林頓等，是繼巴黎鐵塔後的第二大旅遊景點所在。

info

交通：地鐵 7、9 號線於 Chaussee d'Antin - La Fayette 站下，3、8 號線於 Opéra 站下
時間：周一至周六 09:30~20:00，周四延長至 21:00。公休周日
地址：40 Boulevard Haussmann, 75009 Paris
網址：haussmann.galerieslafayette.com/zh-hant

歐 洲 村　La Vallée Village

　　從巴黎出發車程約 45 分鐘的著名景點
歐洲村，距離迪士尼樂園僅 5 分鐘，是巴黎
近郊第一座 Outlet，每年都吸引著來自世界
各地的觀光人潮。這裡擁有將近 75 家店，
最吸引人之處，就是讓你可以買到比巴黎市
區便宜 40 至 70% 的優惠折扣。而且歐洲村
整體的環境非常漂亮，擁有眾多奢華國際精
品，Armani、Boss、Burberry、Calvin Klein、
Givenchy、Max Mara、Polo Ralph Lauren 及
Versace 等都有，且不定時都會推出優惠。

　　歐洲村的精品店家裝飾都非常有個性，
每一間商店的遮雨棚及門窗都各自漆上不同
顏色，漂亮的石板街道及路燈讓人有一種漫
步在童話故事裡的浪漫感。另外，購物村提
供的服務也很周到，星巴克、甜點餐廳、遊
樂公園設施都找得到，並提供 Wi-Fi 等服務。
並且與大型購物商場歐洲谷購物中心（Val
d'Europe Shopping Centre）相連接，裡面設有
主題餐廳，中心地下一樓還有一座海底樂園
（The Sealife Aquarium），能夠購票參觀美麗
的海景世界。

　　歐洲村貼心的提供多國語言服務，方便
觀光客介紹及品牌諮詢，即使花上一整天時
間也逛不完，非常適合全家人一同在這裡血
拼旅遊。

info

交通：RER A 線於 Val d'Europe 站下，車程約 45 分鐘。下車後會先看到歐洲谷購物
　　　中心，穿過購物中心就可以到達歐洲村
時間：周一至周日 10:00~20:00。公休 1/1、5/1、12/25
地址：3 Cours de La Garonne 77700 Serris, Marne-La-Vallée
網址：www.lavalleevillage.com

退 稅 須 知

商品消費稅（TVA）是由法國經濟學家 Maurice Lauré 於 1954 年所發明，而法國政府有 45% 以上的收入都是來自於商品稅。在法國旅遊時的所有購物商品都包含消費稅在內，所以只要是在商店門口或櫥窗貼有「Tax Free Shopping」「Tax Refund」或「Euro Free Tax」的標示，就可以申請 10 至 12% 的退稅金額。而可退稅的商品必須屬於觀光零售項目，非商業經營項目，如免稅店中的食品、酒類、菸草、軍火、未鑲嵌的寶石、大型交通工具及零件，和其他所有不能用於個人的自然產品都不適用於退稅政策。

退稅單

退稅條件

遊客必須在同一間商店的消費金額達到 175 歐元以上才能申請退稅。在百貨公司內消費可以跨品牌累計金額，如一個人在同一家店內無法購買到退稅額標準，建議可與朋友結伴開於同一張發票上以享退稅優惠。另外消費者必須持有非歐盟成員國護照，且必須在購物三個月以內攜帶商品出境。在填寫退稅單時，請務必確認商品收據發票和退稅單上的品項、價格、購買時間都相同，以免到了退稅櫃檯才發現不能退稅。

退稅方式

在法國退稅有兩種方式，現金退款約可退 10.8%，信用卡退稅約可退 12%。於退稅商店內購滿 175 歐元以上可索取免稅憑證（Tax Free Shopping Vocher），出示護照及收據到退稅櫃檯服務處填寫表格，店家會依照消費幫你算出退稅金額，此時可選擇退現或信用卡刷退，一旦選擇之後，至機場就不能再更改。如果選擇退還現金或是退入信用卡的話，必須將粉紅色的

店家存執聯放入所附的退稅單免付郵封裡一併寄回，才能完成退稅手續。

　　大型百貨公司多有提供辦理退稅服務，這對於消費者來說再方便不過了，遊客若在百貨消費購物，只需以信用卡擔保即可，除了可避開機場的大量人潮外，購買時先計算退稅後實領的金額，方便整理預算也可增添所要購買的物品。此外百貨公司經常辦理觀光客的退稅問題，所以處理快速又熟練。

現金退稅

　　選擇現金退稅的優點是可以在出境時直接換取退稅現金，缺點是需多一道現金窗口（Cash VAT Refund or Change）的領取手續，扣完手續費後約可得 10.8% 的退稅金額。因此建議大家盡早辦理 Check in，拿到登機證後先去退稅窗口排隊。另外在戴高樂機場退稅時，現金兌換的窗口就在退稅辦理處的旁邊，所以蓋完章之後就可以到旁邊馬上領取退稅款。

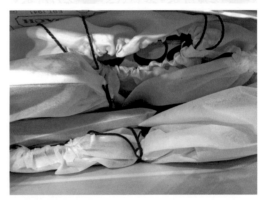
購買的商品需完整包裝

信用卡退稅

　　選擇信用卡退稅原則上需等約 1 至 2 個月的時間，退款會依照國籍幣別轉至你的信用卡裡。而使用信用卡退稅時，消費信用卡和退稅信用卡可以用不同卡片，在退稅單上填寫所需要的卡號，就可辦理退稅手續。另外使用歐盟信用卡或者國際信用卡匯率會比較低，因為在法國消費退稅所得的稅款是以歐元結算。

機場退稅流程

　　在離境時，前往退稅櫃檯（Détaxe or Tax Refund），需準備退稅商品、退稅表格單、收據發票、登機證以及護照。退稅單需海關蓋章，因此建議提早到機場的海關辦理蓋章，之後才能在退稅中心辦理退稅，而退稅人員會查驗退稅商品，最好能先將商品隨身攜帶，或是在托運前就辦理好退稅事宜。

此生必去的
蜜月景點

市區景點

　　精采絕倫的花都巴黎，擁有無數旅遊的好去處，如羅浮宮、巴黎鐵塔、香榭麗舍大道、聖母院或是蒙馬特聖心堂等，除此之外每區更林立各式的精品店、咖啡館、紀念品區，如此豐富的旅遊勝地，本章節規劃各區必去的旅遊資訊，讓你玩出最豐富的行程！

巴黎聖母院 Cathédrale Notre-Dame de Paris ★★★★★

　　建於 1163 年的巴黎聖母院是西堤島上的經典建築，歷時 180 多年，直到 1345 年才全部完成。「Notre-Dame」法文原意為「我們的女士」，而這位女士指的就是耶穌母親，聖母瑪利亞。

　　教堂高聳的扶臂及尖塔為早期的哥德式建築風格，在法國地區的教堂之中非常具有歷史意義，也是天主教巴黎總教區的主教座堂，法國許多的電影戲劇、文學小說，音樂等都是以此為名；大文豪雨果的《鐘樓怪人》中對聖母院有最充滿詩意的描繪，以巨大的石頭製造的波瀾壯闊交響樂。

　　站在塞納河畔，遠觀高聳壯麗的聖母院，平面呈橫翼較短的十字形，正面風格結構端莊嚴謹，三條飾帶劃分為三層，巨大的門四周圍布滿石像。另一端的教堂頂部是一整排連續的拱廊，拱臂強勢而結構靈巧，巧妙地解決各拱間的肋架平衡結構。教堂內部中廳高聳，兩旁並排著長柱，柱子高達 24 公尺，長廊中間有著直徑 9 公尺的「玫瑰玻璃窗」，這富麗堂皇的玻璃裡頭述說著聖經故事，中央供奉著聖母聖嬰，兩旁有天使的雕像。教堂正廳頂部的南鐘樓裡，大鐘重達 13 公噸，每次敲擊時均非常響亮，據說在這座鐘鑄造的金銀材料，是來自於巴黎虔誠的眾多信徒的貢獻。另外北側的鐘樓則有一個 387 層的樓梯，從上面可以俯瞰巴黎的壯闊美景。如今，聖母院代表著法國人民的智慧，並反映了巴黎人們對美好生活的理想和寄託，是歐洲建築史上一個劃時代的重要標誌。

info

交通：地鐵 4 號線於 Cité 站下，步行 8 分鐘內可到
時間：08:00~18:45，周六日開放至 19:15；塔樓 4 至 9 月 10:00~18:30，10 至 3 月 10:00~17:30
票價：免費，登塔樓 € 8.5（持 Museum Pass 免費）
地址：6 Parvis Notre-Dame - Place Jean-Paul II, 75004 Paris
網址：www.notredamedeparis.fr

協 和 廣 場 Place de la Concorde ★★★☆☆

　　1755 年規劃設計的協和廣場位在巴黎交通要道，是人潮往來的大型廣場，而核心的埃及方尖碑可說是巴黎最重要的地方，也是最具傳奇色彩的廣場之一，每年的 7 月 14 日法國國慶的閱兵典禮，協和廣場也是必經之路。巴黎人認為協和是歐洲最美的一座廣場，因廣場東邊連接綠意盎然的杜樂利花園，西邊有著時尚的香榭麗舍大道，廣場座落在塞納河的右岸側向法國議會的波旁宮（Palais Bourbon），正面延伸向莊嚴神聖的希

臘式瑪德蓮大教堂（L'église de la Madeleine）。

　　而協和廣場的名稱與歷史淵源毫不相干，廣場最早稱為路易十五廣場，過去有著一座雄偉的路易十五騎馬大雕像。不過雕像在 1792 年法國大革命期間被拆，並被更名為革命廣場，接著 1793 年 1 月 21 日在廣場上安置「斷頭臺」，成為著名的刑場，3 年期間包括路易十六、瑪麗王后在內，總共處決了 1,300 多人，直至 1795 年才結束。為了紀念這沉重的歷史教訓，最後重新建立此廣場，並命名為「協

和」，冀望帶來和平的新氣象，周圍設立雕塑和噴泉環繞，而 8 座雕像代表法國 8 座主要城市。在香榭麗舍大道及杜樂利花園入口處各放置活靈活現的駿馬雕像，為廣場增添整體視覺效果。

　　中央廣場著名的埃及尖碑，是十九世紀埃及贈送給法國的兩個尖碑的禮物之一，浩大的搬運過程完全刻劃在埃及尖碑上，其中一個已經歸還給埃及政府。另外，廣場上規劃不少精美的燈飾，南北各有兩座經典的海神及河神噴泉，仿梵蒂岡廣場噴泉所設計，這些都顯露當時法國人所追求的理想及生活態度。

info

交通：地鐵 1、8、12 號線於 Concorde 站下，步行 2 分鐘內可到
地址：Place de la Concorde, 75008 Paris

亞歷山大三世橋 Pont Alexandre Ⅲ ★★★★★

　　連接右岸香榭麗舍人道與左岸傷兵院的亞歷山大三世大橋，被譽為巴黎最華麗與最優雅的橋梁。是為慶祝 1892 年法俄簽定同盟，於 1900 年萬國博覽會前建成，亞歷山大三世橋是由俄國沙皇尼古拉二世獻給法國作為親善大禮，並以尼古拉二世的父親亞歷山大三世名字命名。橋的兩端各有一對立柱，柱上青銅騎士雕像造型生動。這座大橋堪稱建橋史上的一個創舉，是世界上首批「預製」的建築之一，橋的所有部件都是在工廠鍛鑄好以後，再用船隻運送到塞納河工程塔組裝而成。橋身設計為 6 公尺高的單跨鋼拱橋，採用鋼造的特殊調節部件，為了降低橋身的高度，以不妨礙從橋面和香榭麗舍大道遙望傷兵院景色為原則，別出心裁的設計可說是十九世紀偉大的工程奇蹟。

　　橋上為新藝術造型的華麗裝飾，兩端各有 16 座神情可愛的小天使燈座，側面更裝飾著栩栩如生的植物花草圖案，整體造型繁複且做工精緻，從藝術角度觀賞無疑是一個國

寶級珍品。而大橋兩端入口擁有 4 座高達 17 公尺的立柱，右岸橋塔頂端象徵了「科學」與「藝術」的金銅駿馬雕像，平臺是「現代法國」與「查理曼法國」石像；左岸頂端則象徵「工業」與「商業」，平臺上是「文藝復興時代的法國」和「路易十四時代的法國」。

交通：地鐵 8、13 號線於 Invalides 站下；或 RER C 線於 Invalides 站下，往河堤方向步行 1 鐘內可到

香榭麗舍大道 les Champs-Élysées ★★★☆☆

　　位於第八區的香榭麗舍大道，又稱香榭大道，是巴黎最美麗的時尚大街。而「香榭麗舍」（Elysium）在希臘神話中原意是指聖人及英雄靈魂居住的樂土。

　　香榭麗舍大道右邊起於協和廣場，一直延伸到凱旋門結束，東西長約 2.2 公里，假如從協和廣場筆直看去，路上有些許上坡小丘的隆起，而凱旋門就是最高點的地方。十七世紀時，法國王室園林師安德烈‧勒諾特（André Le Nôtre）於羅浮宮和杜樂利宮的路徑上種植了一排綠樹，當時香榭麗舍大道還只是未城市化區域中心裡的一條綠野步道。1828 年開始，巴黎市政府對它進行修整，規劃最早的人行道，總寬 70 公尺，中間是 8 線行車道，再來是各寬約 21 公尺的人行步道，如此寬敞的道路在 1980 年時甚至得以讓一架 727 飛機降落。

　　今日香榭麗舍大道的房價也是高得嚇人，店面租金僅次於美國紐約的第五大道和排名第一的香港銅鑼灣羅素街。這裡已是巴黎主要的時尚購物代名詞，兩旁擁有眾多平價服飾與精品店，如 H&M、ZARA、GAP 或 Disney Store，平日逛街人潮達到 20 萬人，假日更達到 50 萬人次以上；LV、Cartier、Hugo Boss 的旗艦店也在此，另外更有名牌汽車設立的展示中心，裡頭有未來概念車以及改裝賽車等展示，如 Pauget、B&W、Citroën 等。

info

交通：地鐵 1 號線於 George V 站下，地鐵 1、2、6 號線或 RER A 線於 Charles de Gaulle – Étoile 站下
地址：Place de la Concorde, 75008 Paris

凱 旋 門 Arc de triomphe de l'Étoile

★★★★☆

　　凱旋門在古羅馬時代是為了慶祝戰爭勝利而建的建築，之後便一直在歐洲各地流傳。世界各地有許多各式的凱旋門，但名氣最大也最有名的，就屬巴黎的凱旋門了。1805 年，拿破崙為慶祝擊敗俄奧聯軍，想讓軍隊凱旋歸國時接受讚揚，於是下令在星形廣場（今戴高樂廣場）興建凱旋門，由著名建築師夏爾格蘭（J.F.T. Chalgrin）從 1806 年開始設計建造，靈感來自羅馬君士坦丁凱旋門（Arco di Costantino）。然而，1815 年拿破崙在滑鐵盧一役徹底失勢後，凱旋門工程也宣告中止，直到 1836 年路易菲利浦（Louis-Philippe d'Orléans）在位期間才終於完成，1840 年，拿破崙的遺體正是通過這個凱旋門，並安葬在傷兵院裡。

　　巴黎凱旋門高 50 公尺、寬 45 公尺，為巴黎四大代表建築之一，也是歐洲最大的凱旋門，更是法國政府重點保護的名勝古蹟。凱旋門整體全由石材打造，拱門正面及側面上雄偉的大型浮雕，內容描述著拿破崙輝煌的戰爭事蹟，其中精湛的「馬賽曲」雕刻，完美結合紀念價值和浪漫主義。凱旋門內部可進入參觀，頂層設有觀景臺，遊客可以選擇電梯或爬共有 284 階的石梯。底下的 12 條大道從四面八方延伸出去，部分大道以法國知名將軍命名。裡頭有小型博物館和紀念商品區，展示凱旋門的建築歷史資料及拿破崙生平事蹟。而觀景臺是欣賞香榭麗舍大道最好的地方，上面可以看到巴黎鐵塔、巴黎聖母院等景點，天氣好時還能看到遠處的聖心堂。

info

交通：地鐵 1、2、6 號線或 RER A 線於 Charles de Gaulle – Étoile 站下
時間：10:00~23:00
票價：全票 € 9.5，優惠票 € 6。適用 Museum Pass
地址：Place Charles de Gaulle, 75008 Paris
網址：arc-de-triomphe.monuments-nationaux.fr

加尼葉歌劇院 Opéra de Garnier ★★★☆☆

　　法國巴黎擁有 2,200 多個歌劇院,而一般人廣稱的巴黎歌劇院,其實全名為加尼葉歌劇院,因建築師查爾斯・加尼葉 (Charles Garnier) 設計而命名。加尼葉歌劇院是歐洲最大的歌劇院,面積為 11,000 平方公尺,共有 2,156 個座位,光是中央大型吊燈重量就超過 6 噸,龐大的舞臺可以容納 450 位表演者。這座歌劇院建於十九世紀中期的第二帝國時代,結合新古典主義和文藝復興主義,被認為是新巴洛克式建築的典範之一;大樓梯上方天花板則描繪著許多音樂寓言傳奇故事。

　　歌劇院最著名的設計就是壯觀的手扶梯，在金色燈飾的照射下，以大理石打造的樓梯閃耀動人，樓梯的光澤被當時來歌劇院的貴族仕女的裙襬擦得光亮，可想而知當時歌劇院的盛況。富麗堂皇的門廳入口及院內地板鋪設大量大理石花紋，廳內有巴洛克式壁飾和羅馬式廊柱。加尼葉將展覽大廳設計成類似於凡爾賽宮的鏡廳，金碧輝煌的大廳內懸吊兩排奢華的水晶吊燈，天花板上則有栩栩如生的壁畫，兩旁設立無數的落地鏡，仕者的身影與玻璃相互映照下更能突顯戲劇張力。另外，觀眾席上的座椅以華麗的紅絲絨打造，營造出巴黎歌劇院王室氣派的極致饗宴，所以有人說，這座歌劇院根本就像是一個由黃金打造的奢華珠寶盒。

　　加尼葉歌劇院擁有複雜的結構和歷史，光是門就有 2,531 個，7,593 把鑰匙，以及六英里長的地下走道。特別的是，歌劇院的最下層有一個非常大的水池，深度約 6 公尺，

劇院每隔 10 年就要抽空並清理乾淨。當初加尼葉在修建歌劇院的地下室時，因地基下面有溪流匯集而成的地下水，為了穩固建築物，花了半個月以上的時間才抽乾所有的水，然後再以特殊的防水結構修復地板和牆面。最後，加尼葉重新在最下層注水，以水的力量填滿整個建築物，讓它更為穩定。

　　這則地下水道的小軼事成了巴黎人口語流傳的神祕事件，後來的音樂劇《歌劇魅影》正是以此為靈感，打造出史上最成功的劇目之一。

info

交通：地鐵 3、7、8 號線於 Opéra 站下，步行 2 分鐘可到
地址：8 Rue Scribe, 75009 Paris
網址：www.operadeparis.fr

戰神公園 Park Champ de Mars
★★★★☆

　　座落於第七區的戰神廣場幅員廣大，從巴黎鐵塔一直延伸到軍事學校（École militaire），占地達 24.5 公頃。十八世紀時，這片廣場還只是荒廢的空地，直到 1765 年軍事學校建立，才被用來當做軍事演練的場所，進而有了初步的開發，也因此有「戰神公園」的稱號。

　　法國大革命爆發後，當時的民眾就群聚在此要求廢除路易十六的王位，希望建立共和體制，而巴黎市長卻下令執行軍事法令，引發抗議民眾的流血衝突。之後，這個廣場也歷經許多重要事件，如 1804 年拿破崙軍隊的出征儀式、1837 年奧爾良公爵的結婚慶典，以及 1848 年協和廣場的立碑慶典。另外，這裡也是法國 1867 至 1937 年五次舉辦萬國博覽會及建造巴黎鐵塔的會場，更是 1900 年奧林匹克運動會的舉辦地點。

　　戰神公園沒有圍籬牆面，採完全開放式的空間設計，民眾能跟巴黎鐵塔近距離的合照，也就逐漸成為巴黎市民最喜愛的散步、休憩場所，向來也是婚紗攝影絕不能錯過的愛情地標。

info

交通：地鐵 8 號線於 École militaire 站下
地址：2 Allée Adrienne Lecouvreur, 75007 Paris

巴 黎 鐵 塔 La Tour Eiffel ★★★★★

　　位於巴黎第七區塞納河左岸的巴黎鐵塔，四條拱形支腳奠基在法國巴黎戰神廣場上，為巴黎最高的建築物。1884 年，法國政府為了迎接萬國博覽會和法國大革命 100 周年，選中居斯塔夫‧艾菲爾（Gustave Eiffel）的作品，其精湛的設計手法，讓巴黎鐵塔在兩年多的施工期間，特殊的鋼體結構皆能準確銜接，無發生任何事故傷害，在建築史上是一個偉大的奇蹟。

　　當初在 1887 年建造的時候，鐵塔高度只有 300 公尺，經由兩年期間，工程師日以繼夜才完成這項浩大工程，而現今加裝的天線使總高度增加為 320 公尺。建築設計最著名的是防範強風吹襲的對稱鋼骨結構，而且同時兼具實用和美感造型，鐵塔分為三個樓層，分別設在離地面 57 公尺、115 公尺和 276 公尺的位置，三層平臺都提供觀景服務，一、二層裡設有景觀餐廳，第四層平臺高度有 300 公尺，設有氣象觀測站，最頂部為巴黎電視和其他電視臺的天線。

　　如要登鐵塔，建議先在官方網站上購票及預約時間，一般夏天登塔需要排 2 個小時左右，可直接走樓梯到第二層，除了費用比較便宜外，排隊等電梯的人也比較少。另外，開放的時間隨季節變化會有所不同；票價提供多種選擇，依照遊客所要上的樓層及登塔方式作區分。

info

交通：RER C 線於 Champ de Mars - Tour Eiffe l 站下，步行 5 分鐘內可到；地鐵 6、9
　　　號線於 Trocadéro 站下，步行 13 分鐘內可到
網址：www.tour-eiffel.fr

夏洛特宮 Palais de Chaillot ★★★★☆

原本夏洛特宮為 1878 年萬國博覽會而建立，1937 年法國政府為迎接再次舉辦的萬國博覽會，而將它拆除，並在山頂重新建了一座。

新的夏洛特宮為羅馬式建築，位於塞納河邊及巴黎鐵塔北面，中間隔著一個廣場分左右兩翼，近 200 公尺的雙臂包圍著一個特卡得羅花園（Trocadéro Gardens），南北兩翼共包含了 4 座博物館和國家劇院。如此巧妙的設計完美呈現出巴黎美麗的街景，彷彿

是為了觀看巴黎市區和鐵塔而生。1940 年第二次世界大戰時，巴黎被德軍占領，希特勒就曾在夏洛特宮與巴黎鐵塔拍照留念；1948 年的聯合國大會在這舉行，決議通過世界人權宣言，因此建有石碑以茲紀念，所以夏洛特宮廣場也被稱作人權廣場（esplanade des droits de l'homme）。

除了可以參觀兩翼內的博物館，廣場中間常可見許多新人來此拍攝婚紗，也有不少街頭藝人在此表演，所以常常吸引許多觀光客聚集。而且擁有絕佳視野，非常適合觀賞塞納河及巴黎鐵塔，夏季裡的特卡得羅花園噴泉會定時噴放，每到夜間人潮不斷，噴泉在華麗的燈光襯托下，白色水柱蔚為壯觀，是巴黎必訪的夜景之一。

info

交通：地鐵 6、9 號線於 Trocadéro 站下，步行 1 分鐘內可到
票價：全票 €9，半票 €7，3 歲以下免費
網址：www.citechaillot.fr

聖心堂 Basilique du Sacré-Cœur ★★★★☆

　　聖心堂為蒙馬特最高建築，屬羅馬拜占庭式風格，整座教堂都由特殊的石灰華岩所建，這種石材會不斷滲出方解石，讓聖心堂在風吹雨淋的環境下仍可保持著相當程度的白色外觀，前方的大廣場無時無刻充滿眾多人潮，不定時會有街頭藝人即興表演。

　　1870 年普法戰爭時，巴黎受圍攻達四個月之久，且當時國內各黨派左右對立激烈；戰爭結束後，為了安撫人心，國民議會對巴黎的樞機主教提出重建與復興家園的宗教使

命，希望能蓋一座教堂，告慰左派巴黎公社對普作戰的犧牲。1876 年在得到全法國的支持下，建築師阿巴迪（Paul Abadie）受命設計興建，靈感來自於法國佩里格（Peri Gueux）地區的聖弗隆大教堂（Cathédrale St-Front），巧妙運用羅馬和拜占庭兩種截然不同的建築風格，並以弧形圓頂為主要中心，四周各有圓頂側廳，後面安置一座 85 公尺高的方形鐘樓，於 1914 年落成。

遊客可從山下搭乘纜車到達，門口沿著階梯上有三座拱門，教堂正門最上方有耶穌雕像，旁邊的浮雕大門上刻劃著耶穌的神聖事蹟，左右兩座立柱上設有英勇騎馬的青銅雕像，左邊是國王聖路易、右邊為聖女貞德，皆是雕刻家勒飛柏夫（H. Lefebvre）的作品。門口有兩座臺階，沿著山坡漫步而上，教堂越清楚也越顯得高聳雄偉，可至頂端欣賞巴黎市景，天氣晴朗時還可眺望巴黎鐵塔。

info

交通：地鐵 12 號線於 Abbesses 站下，往山丘方向步行 7 分鐘內可到，2 號線於 Anvers 站下，轉搭電纜車可到
地址：35 Rue du Chevalier de la Barre, 75018 Paris
網址：www.sacre-coeur-montmartre.com

紅磨坊 Moulin Rouge ★★★☆☆

　　紅磨坊建造於 1889 年，以康康舞（Cancan）表演聞名於世。位於巴黎第十八區皮加勒紅燈區（Pigalle），距今已有 100 多歷史，與巴黎第九區奧林匹亞音樂廳同是建築師約瑟夫‧歐勒（Joseph Oller）的作品。皮加勒紅燈區擁有十八世紀的街道風貌，十九世紀末法國常年捲入戰爭紛擾，人們因而尋求精神上的慰藉，音樂歌舞廳於是興起，全盛時期最多有 30 多個風車運轉，如今在克里希（Clichy）大道上就只剩下紅磨坊這一座。

　　紅磨坊以晚餐表演為主，基本門票 102 歐元起，加上酒精飲料或晚餐為 112 至 215 歐元不等。康康舞展現一種柔軟魅力的舞蹈風格，鮮豔華麗的上空舞孃、踢腿有勁的男舞仕、鏗鏘有力的踢腳及劈腿技藝，加上舞臺燈光秀效果十足，觀眾無不拍掌叫好。這種表演最初是紅磨坊裡的妓女取悅男性客人的表演，如今褪去妓院的刻板印象，演變成一項特殊技藝。

info

交通：地鐵 2 號線於 Blanche 站下，步行 1 分鐘內可到
地址：82 Boulevard de Clichy, 75018 Paris
網址：www.moulinrouge.fr

經典博物館

巴黎作為文化之都，光是市區就有 150 座博物館，郊區也有 40 家博物館，來到這裡若想參觀這麼多間博物館想必花費不小，因此建議購買博物館通票（Museum Pass），憑卡可以不限次數免費進入巴黎 60 間以上的展館和景點，更能省去排隊購票之苦。也因為法國人熱愛博物館，政府更鼓勵民眾及遊客參觀，所以大部分博物館每月第一個周日都免費開放，有些熱門景點如凡爾賽宮則是 11 月至 3 月的第一個周日免費。

大部分博物館及紀念性建築景點只要是 18 歲以下都免費參觀，2009 年 4 月 1 日起，26 歲以下歐盟居民以及在法國居住者也可免費參觀，另外也有針對學生等年輕族群的優惠服務。博物館的開放時間不盡相同，但大部分國立博物館都在周二閉館，通常開放時間為 10 點至 18 點，較大的博物館則會在周三或周四延長開放時間至 21 點。

博物館通票 Museum Pass

購買此通票可直接進入巴黎 60 個以上的大小博物館（不含臨時展館）及景點，包括羅浮宮、奧塞美術館、龐畢度中心、聖母院、凱旋門、凡爾賽宮及楓丹白露宮等。較大的博物館另設有快速通道，可免去排隊等候。

博物館通票

通行證分為 2 天 42、4 天 56、6 天 69 歐元三種，可於相關博物館、地鐵服務站以及巴黎旅遊局 Info 櫃檯購買，購買後需在背面寫上首日使用的日期及簽名，重要的是使用日期必須連續，不可中斷與彈性使用。
• 網址：en.parismuseumpass.com

歐洲博物館之夜 La Nuit Européenne des Musées

為了鼓勵更多家庭及年輕人推開博物館的大門，博物館之夜是最不容錯過的節日，歐洲 3,000 多家的博物館均開放到午夜，其中大部分免費參觀，並舉辦相關特殊表演及藝文活動。2013 年舉辦期間已達 200 萬人次參觀，在巴黎所有的博物館裡就有超過 130 間

參加，包括羅浮宮、龐畢度中心、奧塞美術館、凡爾賽宮、楓丹白露宮、傷兵院及羅丹美術館等。

　　這項活動起源於法國，如今已是歐洲重要的國際活動之一，已邁入第 10 屆的博物館之夜，除了讓遊客去發現歷史遺產的豐富及文化寶藏外，與音樂戲劇、舞蹈和電影的結合更使文化深植於心。每年的活動定於 5 月中旬，免費時間開放為某個周末的 18:00 至凌晨 1:00，相關的日期及節目安排請於官網查詢。

• 網址：www.nuitdesmusees.culture.fr

羅浮宮博物館 Musée du Louvre ★★★★★

　　位於法國巴黎第一區的羅浮宮，為全世界最知名且規模最大的博物館之一。原先是法國王宮的它跨越藝術領域，成為旅人心目中必遊「聖地」。

　　世界各地的旅客來到這不外乎就是要欣賞羅浮宮的三寶：《艾芙洛迪特》（米羅的維納斯）、《勝利女神》和《蒙娜麗莎的微笑》。事實上，展館本身有 900 多年的歷史，更擁有超過 42 萬件藝術典藏，時間從西元前 7000 年到十九世紀，類別包括繪畫、雕刻、美術工藝及古代東方、古代埃及和古希臘羅馬等。若真要好好觀賞，就算每天以 3 小時

計算，至少也得花上一年時間。

　　羅浮宮原為法王菲利浦二世（Philippe II Auguste）防禦巴黎西邊的堡壘，至 1360 年查理五世（Charles V）改建為王宮，到了弗朗索瓦一世（François I）又下令建築師皮埃爾·勒柯（Pierre Lescot）改建成文藝復興風格。法國王室以羅浮宮為權力中心大約持續 200 年，自 1682 年路易十四時代移往凡爾賽宮後，羅浮宮的擴建才停擺下來；1789 年法國大革命王權沒落，王宮於 1793 年 8 月被改為博物館，這個藝術聖殿才終於對大眾開放。而羅浮宮入口處，由華裔美籍建築設計師貝聿銘所設計的的透明金字塔，更是畫龍點睛的重要建築，其中這項大羅浮計畫（Le Grand Louvre）是 1989 年巴黎十大工程之一，也是唯一一個由法國總統親自委託的工程。

　　羅浮宮共分為三個主要展區，黎塞留館（Richelieu）、蘇利館（Sully）及德農館（Denon），金字塔頂端或地下街都設有入口，再依照想要的展館刷票進入。近年來，羅浮宮的語音系統結合任天堂 NDS 的 3D 導覽，除了先進多元，內容也更精采豐富，只可惜 NDS 及語音導覽目前都只支援歐美語系、日語及韓語。

info
交通：地鐵 1、7 線於 Palais Royal Musee du Louvre 站下，步行 2 鐘內可到
時間：09:00~18:00，周三和周五開放至 21:45（部分區域會提早半小時清場）。公休周二
票價：全票 € 12，拿破崙特展區 € 13，套票 € 16，18 歲以下免費。每月第一個周日為免費入館日，周五晚上 26 歲以下青年可免費入場，適用 Museum Pass
地址：Louvre Museum, 75001 Paris
網址：www.louvre.fr

奧塞美術館 Musée d'Orsay ★★★★☆

　　奧塞美術館主要收藏十九、二十世紀的印象派作品與雕塑，包括莫內、高更、梵谷、雷諾瓦、竇加、馬內、秀拉等印象派大師的作品，與羅浮宮、龐畢度中心被稱為巴黎三大藝術博物館。奧塞前身是火車站，由奧爾良（Orléans）鐵路公司於 1900 年萬國博覽會所建，是從巴黎往奧爾良鐵路的終點站，車站停駛後於 1978 年被列入歷史建築，1986 年法國政府決定改建成博物館，館內收藏來自羅浮宮、印象派美術館以及龐畢度中心。

　　奧塞美術館分為中間廊道和左右各三個樓層，屋頂採用透光玻璃，可以在自然光線下欣賞藝術作品。館內以藝術家的年代和畫派劃分為大廳底層、二樓和三樓。一進去可看到許多精美的雕塑作品，上方兩頭則仍掛著當年壯觀的大時鐘，中間開放的長廊為大型雕塑區，包括羅丹、杜米埃（Honore Daumier）、卡波（Jean-Baptiste Carpeaux）與竇加等藝術家的作品。大廳底層為 1875 年前印象派及後印象派的畫作、雕塑和裝飾藝術，包含羅丹、莫內、安格爾（Jean Ingres）、德拉克洛瓦（Eugène Delacroix）與米勒等藝術家作品。二樓設有餐廳，主要為 1870 年至 1914 年的繪畫、雕塑及裝飾家具，包含羅丹、高更與卡羅‧布加蒂（Carlo Bugatti）等藝術創作。三樓則主要展示印象派以及後印象派藝術家的畫作及雕塑。

info

交通：RER C 線於 Musée d'Orsay 站下；地鐵 12 號線於 Solférino 站下，步行約 5 分鐘內可到

時間：09:30~18:00，周四延長至 21:45。公休周一及國定假日

票價：全票 € 11，每日 16:30（周四 18:00）後入場優惠價 € 8.5，18 歲以下免費。每月第一個周日為免費入館日，適用 Museum Pass

地址：1 Rue de la Légion d'Honneur, 75007 Paris

網址：www.musee-orsay.fr

注意：博物館內不允許照相

橘園美術館 Musée national de l'Orangerie ★★★☆☆

參觀羅浮宮時，不要錯過隱藏在杜樂利花園裡的橘園美術館。橘園建立於 1852 年，以收藏印象派與後印象派作品聞名，裡頭的鎮館之寶是莫內（Claude Monet）《睡蓮》（Nympheas）。

1922 年莫內捐贈他的《睡蓮》作品給法國政府，因此橘園特別安排一樓的兩間橢圓形展示廳內作陳列，8 大幅連貫的油畫畫作一氣呵成，純白色的展示廳加上柔和的光線，讓人不論在哪個角落，都能以最符合印象派的氛圍來欣賞迷人的睡蓮。

橘園美術館於 2000 年開始整修，經過六年的翻新工程在 2006 年 5 月重新對公眾開放。館內收藏印象派末期至二次世界大戰前的作品，包括雷諾瓦《彈琴的少女》、塞尚《草地上午餐》及莫迪利亞尼（Amedeo Modigliani）《Paul Guillaume》等名作。

info

交通：地鐵 1、8、12 號線於 Concorde 站下，步行 7 分鐘內可到
時間：09:00~18:00。公休周二、5/1、7/14、12/25
票價：全票 € 9，優惠票 € 6.5。每月第一個周日為免費入館日，適用 Museum Pass
地址：Jardin Tuileries, 75001 Paris
網址：www.musee-orangerie.fr
注意：博物館內不允許照相

時裝及紡織博物館 Musée de la Mode et du Textile ★★★☆☆

　　羅浮宮的側邊 Marsan 宮殿裡，有兩家時尚設計博物館，一至二樓是時尚與紡織博物館，三至五樓是裝飾藝術博物館，為裝飾藝術聯盟及服裝藝術聯盟共同策劃。

　　博物館於 1905 年成立，廣泛地蒐集全世界傑出的服裝設計，另一方面大量收藏服裝作品的服飾歷史學家弗朗索瓦·布歇（François Boucher），也有興趣成立服裝博物館。到了 1981 年，裝飾聯盟和弗朗索瓦·布歇共同合作成立時裝及紡織博物館，並於 1986 年向民眾開放。如今，博物館占地 9,000 平方公尺，展區內有法國流行時裝的演變歷史，包含各個時期代表性服裝作品和高級的訂製服裝，收藏從十八世紀以來多達 16,000 套的服裝，35,000 件的時尚配件，以及從七世紀以來多達 30,000 件的紡織品。

info

交通：地鐵 1 號線於 Tuileries 站下，步行 2 分鐘內可到
時間：11:00~18:00，周四延長至 21:00。公休周一
票價：全票 € 11，優惠票 € 8.5，18 歲以下免費。每月第一個周日為免費入館日，適用
　　　Museum Pass
地址：107 Rue de Rivoli, 75001 Paris
網址：www.lesartsdecoratifs.fr

裝 飾 藝 術 博 物 館 Musée des Arts Décoratifs ★★★☆☆

　　時裝及紡織博物館樓上的裝飾藝術博物館，同樣於 1905 年創立，包含廣告設計博物館，主要收藏十八世紀以來將近 150,000 個藝術作品，分為新藝術（Art Nouveau）及裝飾藝術（Art Déco）兩大項目，囊括了不少法國中世紀、帝國時期至現代的設計家具、王室珠寶、陶瓷、紡織、玩具及金屬工藝等，作品絕大部分是由收藏家或基金會捐贈。

　　此外，博物館的藝術品從流行設計、海報、餐具、珠寶飾品、大型古董到室內家具都有；除長期展品外，不定時會為各類設計師或博物館舉辦個展，展品相當時尚且富創意，需要半天以上的時間才可逛完。假如逛膩了羅浮宮裡的畫作與雕塑藝術品，可考慮來 Marsan 宮殿裡的裝飾藝術博物館，一樓館區設有藝術及設計禮品商店，裡面所販售的商品非常具有收藏價值。

info

交通：地鐵 1 號線於 Tuileries 站下，步行 2 分鐘內可到
時間：11:00~18:00，周四延長至 21:00。公休周一
票價：全票 €11，優惠票 €8.5，18 歲以下免費。每月第一個周日為免費入館日，適用
　　　Museum Pass
地址：107 Rue de Rivoli, 75001 Paris
網址：www.lesartsdécoratifs.fr

龐畢度中心 Centre Pompidou ★★★★☆

　　這座巴黎人戲稱「市中心煉油廠」的博物館中心，是 1969 年法國總統龐畢度（Georg Pompidou）為了在巴黎 Beaubourg 區注入一股新的文化動力，而計畫興建的當代藝術博物館。經過 600 多個設計團隊競圖徵選，由兩位義大利籍建築師皮亞諾（Renzo Piano）、法蘭奇尼（Giantranco Franchini）及英國羅傑斯（Richard Rogers）脫穎而出，1977 年正式啟用；可惜龐畢度早於 1974 年就因癌症過世，為了紀念他，博物館便以龐畢度為名。

　　占地有兩座足球場之大的龐畢度中心，號稱是世界最大的當代藝術館之一。當代藝術美術館（Musee Nationale d'Art Moderne, MNAM）廣泛的收藏二十世紀初到現代最完整的藝術作品，來自 90 個國家超過 10 萬件以上，內容涵蓋了繪畫、裝置藝術、雕塑、平

面海報及影像創作，有馬諦斯、畢卡索、夏卡爾等大師的作品，每兩個月都會更換主題。而龐畢度中心不只是收藏和展出藝術品的博物館，中心還有法國最大的公共圖書館（La Bibliothèque Publique d'Information, BPI）、工業設計中心（Centre de Creation Industrielle, CCI）、收藏二十世紀藝術相關書籍的康定斯基圖書館（Bibliothèque Kandinsky）及電聲音樂研究協會（IRCAM）。此外，旁邊還有以音樂家史特拉文斯基為名的噴水池（La Fontaine Stravinsky）。

info

交通：地鐵 11 號線於 Rambuteau 站下
時間：11:00~18:00。公休周二、5/1
票價：全票 € 11~13，優惠票 € 10，18 歲以下免費。每月第一個周日為免費入館日，適用 Museum Pass
地址：Place Georges-Pompidou, 75004 Paris
網址：www.centrepompidou.fr

羅丹博物館 Musée Rodin ★★★☆☆

　　博物館成立於 1919 年，收藏十九世紀最偉大雕塑家羅丹（Augeuste Rodin）的作品。羅丹曾經先後三次向國家捐贈他的雕塑收藏、書籍、信件及手稿，並選定展示地點在他居住的比隆酒店（Hôtel Biron）。博物館裡收藏 6,600 件以上的雕塑、8,000 幅畫和攝影作品以及眾多其他的藝術創作，大部分的巨型作品主要陳列在中央庭院，包括《地獄之門》、《沉思者》、《巴爾扎克》和《加萊市民像》等，這些栩栩如生的寫實作品，令人驚嘆不已！

　　室內展區裡擁有眾多小型作品及畫作，如《吻》、《夏娃》等，另外還有展出他的學生卡蜜兒（Camille Claudel）的作品，裡頭廣泛設置落地窗及玻璃，讓每個作品在不同情景下自然呈現。博物館擁有美麗的庭園和咖啡廳，人潮絡繹不絕，每年都有超過 70 萬的遊客來訪，成為法國最具人氣的博物館之一。

info

交通：地鐵 13 號線於 Varenne 站下，步行 5 分鐘
時間：10:00~17:45，周三延長至 20:45。公休 1/1、12/25
票價：全票 €6、18~25 歲 €5、花園 €2，18 歲以下免費。每月第一個周日為免費入館日，
　　　適用 Museum Pass
地址：79 Rue de Varenne, 75007 Paris
網址：www.musee-rodin.fr

傷兵院 Les Invalides ★★★★☆

　　中央金光閃閃的圓頂教堂建築傷兵院，於 1670 年路易十四時代所建，當時是醫治重傷和殘疾的軍人醫院，如今已成為巴黎觀光重點；其中禮拜堂所設立的拿破崙之墓（Le Tombeau de Napoléon）是 1861 年移入。建議可從亞歷山大三世大橋上觀看傷兵院，橋上金碧輝煌的雕刻與金色圓頂互相呼應，形成一幅壯麗的奇景。

　　另外，傷兵院前有一座漂亮的花園廣場，護城河上展示著一排於 1864 年下關戰爭中日本繳獲的大炮，並曾經於和平紀念日及法國國慶閱兵儀式中施放。館內有數個博物館可以參觀，如立體地圖博物館（Musée des Plans-Reliefs）、戴高樂紀念館（Historial Charles de Gaulle）、解放勳章博物館（Musée de l'Ordre de la Libération）和著名的軍事博物館（Musée de l'Armée）等。

info

交通：地鐵 13 號線於 Varenne 站下，步行 3 分鐘內可到
時間：10:00~18:00（或 17:00）。公休每月第一個周一（除 7、8、9 月）、1/1、5/1、12/25
票價：套票 €9.5（可參觀大部分展覽），優惠票 €7.5，18 歲以下免費。適用 Museum Pass
地址：Avenue de Tourville, 75007 Paris
網址：www.musee-armee.fr

近郊景點

　　巴黎近郊有很多值得一去的熱門景點，如畫家村吉維尼和莫內花園、經典必訪的王室宮廷如凡爾賽宮和楓丹白露宮，或是迪士尼的甜蜜之旅，更有時尚購物之地 Outlet 歐洲村等等，想要為法國行程增添不一樣的回憶，不妨從近郊開始吧！

吉維尼 Giverny ★★★★☆

　　1883 年，法國印象派畫家莫內搭火車經過座落於上諾曼第區（Haute-Normandie）厄爾省（Eure）的吉維尼小鎮，從此愛上這個美麗的地方，並於同年 4 月搬來這過著隱居創作的生活。他種植了一個大花園，在那裡完成餘生繪畫作品，如一系列的睡蓮和美麗

的故居畫作。吉維尼小鎮如今為家喻戶曉的畫家小鎮之一，這裡充滿無限綠意且豐富多姿，就如同一幅色彩豐富的油畫，堆疊出小鎮不為人知的歲月歷史和動人故事。

　　有如人間天堂的吉維尼，是讓人靈感不斷的小鎮，因為這裡地理環境優美，家家戶戶都裝飾上繽紛色調，綠意白牆的樸實農舍，牆上布滿美麗的牽牛花，以及精緻秀麗的河畔花池，在拜訪過莫內的雕像及墓碑後，不妨悠閒地穿梭在小巷中，找個沒有人群的地方靜下來，或許就能了解到這小鎮特有的魅力。

　　此外，吉維尼還有一個收藏印象派畫作的藝術博物館（Musée des impressionnismes Giverny），博物館成立於 1992 年，由美國企業家和收藏家丹尼爾·珍·特拉（Daniel J. Terra）建造，主要陳列十九、二十世紀生活於吉維尼的印象派畫家作品，是欣賞印象派和後印象派的好去處。

交通：火車巴黎 Saint Lazare 站出發到 Vernon 站，再轉搭有 Giverny 字樣的巴士即可到達

莫內花園　Fondation Claude Monet ★★★★☆

　　「印象派之父」莫內 43 歲剛搬來吉維尼小鎮居住時尚未成名，經濟拮据的他剛開始只能四處租房子，成名之後畫作價值水漲船高，他也於 1890 年買下了這個房子，並將生活重心放在栽植花園、蓮花池和畫作寫生上。園內蓮花池裡頭有非常漂亮的日本橋，他搭著船在池塘上寫生，在這創作了一系列的繪畫作品，如聞名於世的《睡蓮》系列。

　　住宅工作室是一座三層樓高的建築，整潔的房間裡都有朝向花園的窗子。一樓的房間為他作畫的地方；二樓則因莫內曾經到日本學習過版畫，收藏了很多日本精美的浮世繪和瓷器。莫內花園除了住宅外，占地主要分為大花園和水上庭園。名為諾曼第的大花園位於工作室前方，呈長方形占地約一公頃，遍布綠意盎然樹木花草，如日本的櫻花、杏樹，金屬棚下走道兩旁像美麗地毯般，布滿成千上萬的花朵，如水仙，鬱金香，鳶尾，東方罌粟花，牡丹花等；1893 年他買下鐵路另一側土地改造為水上庭園，這裡擁有一大

片人工湖，水池上種滿各種美麗的睡蓮，1900 年莫內展出的
13 幅蓮花作品，其中 6 幅都畫有日本橋。

　　館內之所以會展示眾多日本浮世繪作品，是因為 1862
年的萬國博覽會打響日本浮世繪，每位畫家都收藏不少作品，
讓收藏浮世繪在當時成為一種風潮，也帶動歐洲與日本間的
文化交流。

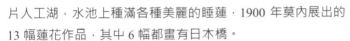

info

時間：4/1 至 11/1 09:30~18:00
票價：全票€ 9.5，優惠票€ 5，6 歲以下免費
地址：84 Rue Claude Monet, 27620 Giverny
網址：www.fondation-monet.com/fr

巴黎迪士尼樂園 Parc Disneyland ★★★☆☆

　　來到巴黎不妨來一趟樂園之旅，以忠於歐洲原味建築為主題特色的巴黎迪士尼建於 1992 年，原名歐洲迪士尼樂園，位於巴黎東邊 32 公里的地方，是繼東京迪士尼之後的第四座迪士尼樂園。

　　距離歐洲購物村不遠的巴黎迪士尼樂園分為五個主題園區，包含美國小鎮大道（Main Street.USA）、探險世界（Adventureland）、探索世界（Discoveryland）、幻想世界（Fantasyland）及拓荒世界（Frontierland）。樂園內有恐怖刺激的驚悚飯店，神出鬼沒的飯店服務生述說著恐怖故事，自由落體的電梯更是緊張刺激；加勒比海海盜屋裡頭刺激的戰爭場面、造型無不令人驚豔；童話區卡通角色設計的造型都生動有趣，場景搭配穿上戲服的人員，彷彿就如同歐洲真實的奇幻樂園。而刺激的山谷冒險之旅、潛水艇樂園

和玩具總動員的太空世界，不管大人或小朋友都會沉浸在迪士尼的奇幻想像空間。

另外，巴黎迪士尼為了打入歐洲的社會文化，園區裡的主題城堡設計、童話故事街道或是建築物的裝飾風格，皆做工精緻且栩栩如生，甚至連花草樹叢的修剪規格都參照王宮，讓人有種身在歐洲宮廷花園的感覺。

巴黎迪士尼平日人潮不算多，遊樂設施通常不用花到半小時就可排到，是新人蜜月最浪漫的旅遊去處！

info

交通：RER A 線於 Marne-la-Vallée-Chessy 站下
時間：08:00~22:00
票價：全票 1 天 1 園區 € 64，1 天 2 園區 € 74（相關票種可至官網查詢）
地址：77777 Marne-la-Vallée
網址：www.disneylandparis.fr

凡爾賽宮 Château Versailles ★★★★★

　　1979 年被列為世界文化遺產的凡爾賽宮，是世界上最著名的宮殿之一。整座宮殿和花園完成於 1710 年，總面積占地 110 萬平方公尺，建築面積為 11 萬平方公尺。

　　十七世紀時，法王路易十四忌妒財政大臣的宅邸壯麗豪華有如宮殿，因此以貪汙罪名將他下獄，並命令設計師安德烈・勒諾特和著名建築師路易・勒沃（Louis Le Vau）設計新的行宮。凡爾賽進而被設計成法國最大、最豪華的宮殿建築，並成為貴族與王室的文化交流場所。

　　凡爾賽宮裡頭包含大特里亞農宮（Grand Trianon）、小特里亞農宮（Petit Trianon）、花園（Jardins de Versailles）和瑪麗王后宮苑（Marie-Antoinette's estate）等。最著名的景點莫過於以奢華聞名的鏡廳（Galerie des glaces），由 400 多塊鏡子組成的巨大長廊，大廳有著 17 扇巨型的落地玻璃窗，天花板上掛著 24 盞波希米亞水晶吊燈，鏡

廊中的家具飾品都是純銀鑄造。廳內牆面細緻的鍍金雕花，牆柱為淡紫色和白色大理石。

　　此外，為了頌讚與強調路易十四的尊貴，廳內到處是太陽王的油畫及雕像，可以想見當時的路易十四有多麼不可一世。

交通：RER C 線於 Versailles - Château - Rive-Gauche 站下；火車巴黎 Montparnasse 站出
　　　發到 Versailles Chantiers 站下，Saint Lazare 站出發到 Versailles Rive Droite 站下
時間：09:00~18:30。公休周一
票價：城堡 €15，城堡＋花園套票 €18，附中文語音導覽；18 歲以下免費。每月第一個
　　　周日為免費入館日，適用 Museum Pass
地址：Place d'Armes, 78000 Versailles
網址：www.chateauversailles.fr

楓丹白露宮 Musée de Fontainebleau ★★★★☆

　　法文原義為「美麗的泉水」，1981 年被聯合國教科文組織列入世界遺產，是十二世紀法國國王的狩獵行宮。宮殿源於法王路易七世在 1137 年下令修建的城堡，到了十六世紀時，弗朗索瓦一世想打造一個「新羅馬城」，因此從義大利聘請一大批藝術家和建築師，以文藝復興風格為主，把法國傳統藝術結合成新的建築創作，這種新風格在歐洲美術史上被譽為楓丹白露派。

　　楓丹白露宮開放參觀的建築包括主殿建築、小殿建築、文藝復興殿等共 6 座庭院和 4 座花園。宮內主要景點則有著名的弗朗索瓦一世長廊、會議室、舞廳、黛安娜壁畫長廊、百盤廊、王后沙龍、國王侍衛廳、教宗臥室和國王辦公室等。1808 年，拿破崙把之前國王的寢室改建為皇帝御座廳。特別的是，宮內風格強烈的中國廳是尤金妮皇后（Eugénie de Montijo）特別主持建造，裡面陳列著來自中國明清時期的畫作、瓷器、黃金飾品、雕刻藝術品及景泰藍琺瑯佛塔等，收藏將近上千件的稀世珍品，而這些珍品大多來自英法聯軍時，法國從中國圓明園搜刮而來的戰利品。

info
交通：火車巴黎 Gare de Lyon 站出發到 Fontainebleau 站下，轉乘公車 A 線於 Chateau 站下
時間：09:30~18:00，10 月至 3 月至 17:00。公休周二、1/1、5/1、12/25
票價：全票€ 11，優惠票€ 9；18 歲以下免費。每月第一個周日為免費入館日，適用 Museum Pass
地址：77300 Fontainebleau
網址：www.musee-chateau-fontainebleau.fr

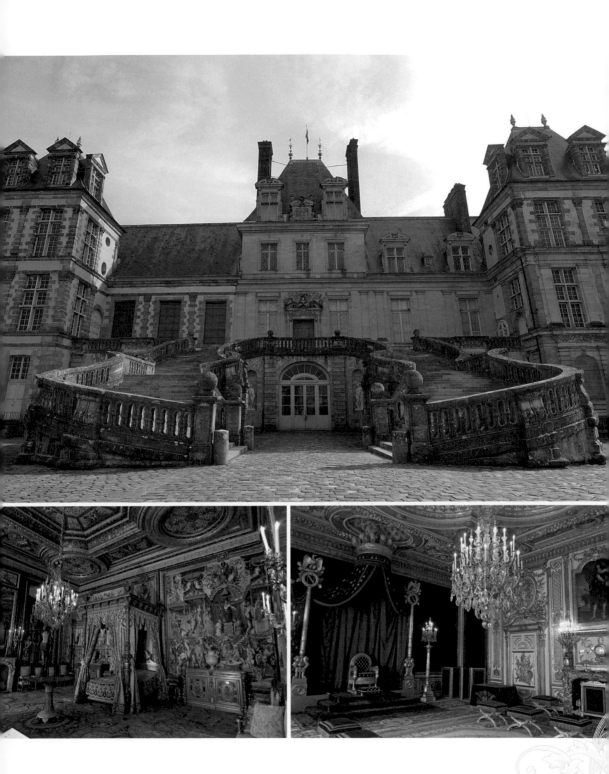

聖米歇爾山 Le Mont-St-Michel ★★★★★

　　法國文豪雨果曾讚譽說，聖米歇爾山在法國人心目中的地位就如同金字塔對埃及般重要且密不可分。

　　在法國被譽為「世界第 8 大奇蹟」的聖米歇爾山，於 1979 年被聯合國教科文組織列為世界遺產。這座重要的聖山是耶路撒冷和梵蒂岡之外，天主教的第三大聖地，位於法國北部芒什省（La Manche），為布列塔尼和諾曼第之間海面上突出的花崗岩小島，每年擁有超過 350 萬遊客，是世界著名的自然和人文景點之一。

　　教堂的建設可追溯到 708 年，主教奧伯特（Aubert）為感恩天使長顯靈，因此在島上最高處修建教堂，經過數百年的修建，十三世紀初菲利浦二世火攻聖米歇爾山，整修後加蓋高聳的哥德式建築，法國政府更於十九世紀投入大筆經費，搭建起一條 2 公里長的堤道連接陸地，使得它成為人潮鼎盛的朝聖之地。

　　這座聖山有著與眾不同之處，河堤因海洋潮汐的作用，漲退潮時海水像猛獸般迅速，如此壯觀的潮汐難得一見，夜景中的聖米歇爾山更增添一股神祕色彩。建議在這安排兩天一夜，下午到聖山，可選擇在山上或周圍小鎮住上一晚，漫步堤道欣賞這美麗的聖山奇景。

info

交通：火車巴黎 Montparnasse 站出發至 Rennes 站下，轉搭巴士往 St-Michel
地址：50170 Le Mont-Saint-Michel
網址：www.ot-montsaintmichel.com
注意：由於班次較少，請特別留意去回程時間

浪漫城堡

　　聞名世界的法式城堡（Château）以往是貴族或領主的宅邸，大部分多為狩獵或是避暑的地方，也有些是用來防禦的碉堡。許多經典的法式城堡皆座落於距離巴黎 1.5 小時車程的羅亞爾河流域，這裡又被稱為「法國的花園」和「法語的搖籃」，擁有眾多美麗壯觀的城堡建築，例如香波堡（Château de Chambord）、雪儂頌堡（Château de Chenonceau）、雪瓦尼城堡（Château de Cheverny）和昂布瓦茲皇家城堡（Château Royal d'Amboise）。

城堡分布地圖

圖爾

羅亞爾河

A10

法 國

❶ 巴黎
❷ 香波堡
❸ 雪瓦尼城堡
❹ 昂布瓦茲皇家城堡
❺ 雪儂頌堡

F.R.AH

圖爾車站

超 方 便 城 堡 旅 遊 團

　　往返城堡的交通車班次少，等待時間加上交通費也不划算。因此，若想要一次去足 2 至 4 個或以上的城堡，可選擇小型旅遊團一起出遊，每位約 20 至 60 歐元，不含城堡門票；一方面省下交通時間，又有團體優惠及中文的語音導覽。旅遊團大多是由圖爾市出發，從巴黎搭 TGV 火車到圖爾車程約 1 小時，可事先查好 TGV 的優惠班次，再上網訂購羅亞爾河流域城堡半日或一日遊的行程，或於當地圖爾火車站對面的遊客中心辦理出團。

info

圖爾旅遊中心訂票
www.tours-tourisme.fr

旅行團網路訂票
www.tourevasion.com
www.chateaux-tours.com
www.loire-valley-tours.com

香波堡 Château de Chambord ★★★★☆

　　有「堡王」之稱的香波堡，為法國建築國寶，於 1981 年被列入世界文化遺產名錄中，是羅亞爾河流域中最大也最宏偉的城堡建築。

　　香波堡位於法國羅亞爾謝爾省（Loir-et-Cher）的香波地區（Chambord），建築結合法國中古時期與義大利文藝復興風格，是 1519 年弗朗索瓦一世遠從義大利請來藝術大師達文西等建築師群打造，之後歷經幾任國王的裝修，最後才在 1684 年路易十四時期完成。義大利的文藝復興建築風格逐漸在法國興起蔓延，高聳特立的尖塔、林立的煙囪或是圓拱的瞭望亭，都可在十六世紀興建的香波堡窺見一二。

　　作為狩獵行宮的香波堡，光是占地就有 5,500 公頃，440 個房間，77 座樓梯，和 300 多座煙囪，使用的建築材料大多來自羅亞爾河地區的石灰石，材質偏向柔軟又脆弱，因

此與眾多城堡相較之下，更顯得渾然天成。而城堡最著名的就是達文西設計、位於主塔中央的雙螺旋梯，樓梯有兩個不同的出入口，不同曲線的螺旋纏繞於同一石柱，彼此交錯貫穿城堡三個樓層，能讓王后和國王情婦自由出入，又能完全避免兩人正面相遇時產生糾紛，即使同一時間上下樓，也只能看見對方的面孔。

　　儘管氣勢磅礴的香波堡擁有許多奇特的造型門窗及奢華的裝飾，但可惜的是，並非每位國王都長於狩獵，加上地處位置偏僻，因此其實歷任法國國王鮮少長住於此。

info

時間：09:00~18:00。公休 1/1、1/31、12/25
票價：全票 € 11，優惠票 € 9
地址：Château de Chambord, 41250 Chambord
網址：chambord.org

雪儂頌堡 Château de Chenonceau ★★★★★

　　雪儂頌堡又稱「女人堡」，以豐富的愛情故事聞名，事實上世人更被她擁有的華麗衣裳及文藝氣息所吸引。

　　前身建於十五世紀初卻被王室放火燒毀，而現在所看到的城堡是由法國文藝復興時期參與過羅浮宮部分建築的菲利伯特‧德洛姆（Philibert Delorme）所設計。雪儂頌堡氣質非凡，因為從 1513 年以來，她經歷過三任國王的女人修建，分別是亨利二世的情婦黛安娜（Diane）、王后凱瑟琳（Catherine）、亨利三世的王后路易絲（Louise）及亨利四世的情婦嘉布莉爾（Gabrielle），這些女人，有的是被打入冷宮而流放至此，有的是受到國王寵愛而得以入主，不管怎樣，她們都為城堡帶來許多動人故事。其中黛安娜增建的廊橋，奠定之後建於羅亞爾河支流上的城堡部分基礎；城堡的兩個花園更是黛安娜與凱

瑟琳先後整修完成。之後的雪儂頌堡，也多屬於女主人所擁有，讓這個城堡充滿浪漫優雅的氣質。

　　雪儂頌堡擁有獨特的建築形式，為十六世紀文藝復興式建築，頂部參雜部分哥德式建築風格，而廊橋上的城堡為古典與文藝復興的混合。城堡前的高塔為中世紀的象徵建物，主堡對稱的門廊設計加上兩側的圓形碉堡以及典雅高聳的屋頂，都是經典的文藝復興風格。而室內有著非常漂亮的巨大壁爐，牆上畫作細膩地刻出情婦與王室間的悲歡離合，往凱瑟琳王后所建的長廊一探，牆上展示二十世紀雪儂頌堡畫作和當代藝術家作品。

　　城堡左方的河堤邊是拍攝城堡最佳的地點，放眼望去，優美的城堡座落在清澈的河流上，實為端莊動人的美景，因此除了凡爾賽宮外，雪儂頌堡一直都是來法國的遊客，最喜歡參觀的城堡之一。

info

時間：09:00~20:00（閉館時間會依照月分調整）
票價：全票 €11，優惠票 €8.5
地址：Château de Chenonceau, 37150 Chenonceaux
網址：www.chenonceau.com

雪瓦尼城堡 Château de Cheverny ★★★★☆

　　這座完成於 1654 年的城堡，是遊覽羅亞爾河谷地區必訪的城堡之一。十七世紀初雪瓦尼領主亨利伯爵（Henri Hurault）提出靈感，並與妻子拆掉原本的家族堡壘，打造現在這座精緻富麗的城堡。

　　以內部裝潢聞名的雪瓦尼，是個擁有豐富家具和飾品的城堡，由當時建築師雅克・布吉耶（Jacques Bougier）和畫家讓・摩斯尼耶（Jean Mosnier）共同設計，選用羅亞爾謝爾省地區出產的白色石頭（Pierre de Bourré），此石材有隨著時光流逝越發潔白與堅硬的特點，但由於工程浩大，亨利夫妻沒有太多時間回來就相繼去世了，後來由他們的女兒伊麗莎白接手完成城堡的內部裝潢。

　　雪瓦尼城堡的風格為法國古典主義建築，灰藍色的屋頂搭配白色外牆，整體結構完

雪瓦尼城堡內的新婚寢室

雪瓦尼城堡內的孩童房

古時候建造的宮廷獵犬犬舍

美對稱，簡約又具有強烈的和諧美感，別於傳統哥德式的繁複形式，充分表現出貴族統治者端莊大方的理性美。特別的是，城堡雖然沒有香波堡般的雄偉霸氣，也沒有雪儂頌堡的氣質魅力，但是只要進入堡內就可發現，雪瓦尼的內部非常完整，歷代的居住者都將最精美部分保留下來，如桌椅、沙發、壁爐、床具、壁畫和水晶燈等都完好如初，且每個房間的裝潢皆精雕細琢。

　　侯爵的後代如今依舊居住在這座城堡裡，不妨來好好感受一下他們現在所擁有的空間環境吧！

info

時間：09:15~18:45
票價：全票 € 9，優惠票 € 6
地址：Château de Cheverny, 41700 Cheverny
網址：www.chateau-cheverny.fr
注意：參觀時間限制為 1~1.5 小時

昂布瓦茲皇家城堡 Château Royal d'Amboise ★★★☆☆

　　昂布瓦茲城堡的雛形可追溯到羅馬時代，但要到十五世紀華洛瓦王朝（Valois）搬遷至此，才開始改建與發展。

　　昂布瓦茲皇家城堡除了是重要的防禦堡壘外，也是十六世紀時期典型的文藝復興風格城堡，當時因為法國長年與義大利交戰，弗朗索瓦一世從義大利帶來大量的藝術家，達文西便是其中一位最重要的角色。從小就在昂布瓦茲城堡裡出生長大的弗朗索瓦一世，希望把城堡改造成文藝復興風格式的建築，其中與城牆連結的「查理八世」主樓，屬於法國後期的哥德式建築風格，此外，「弗朗索瓦」和「路易十二」外側樓塔則為典型的文藝復興風格，因此不難看出建築風格有義大利獨特的氣息。

　　經歷戰爭的摧殘，現在城堡的規模只有當初的五分之一，所以相較於其他城堡，昂布瓦茲的內部氣勢就顯得單調許多。不過這個城堡的迷人之處，就是在平臺可以居高臨

安葬於聖休伯特教堂的達文西之墓

下且視野非常遼闊，能夠俯瞰到美麗的法國建築沿著河堤整齊排列，昂布瓦茲城堡的花園還有一片種植地中海植物的小山丘，在這一眼望去盡是河谷地區最奇麗的景色。

　　來到昂布瓦茲城堡，千萬別錯過位於平臺廣場上的聖休伯特教堂（Saint-Hubert），著名的大畫家達文西就安眠於此地呢！

info

時間：09:00~19:00（閉館時間會依照月分調整）
票價：全票 € 10.7，優惠票 € 9.2
地址：Chateau Royal d'Amboise, 37400 Amboise
網址：www.chateau-amboise.com

實用資訊

　　萬一在巴黎遇到雨季該如何開拍？哪裡有便宜的藥妝店？怎麼寄明信片？緊急求助電話是多少？重要文件掉了怎麼辦？在巴黎難免會有語言不通的情況，或碰到一些無法解決的事情，以下特別提供一些實用資訊，讓身處異地的你不用擔心。

浪漫自由行

　　此生必去的巴黎浪漫之旅，本書提供從臺北出發至法國巴黎 7 天的行程範例，讓每個人都能完成夢幻的婚紗拍攝，又能玩出巴黎最經典的旅遊地點，女孩們說走就走，來場無懈可擊的法式求愛盛典吧！

凱旋門

巴黎鐵塔

香榭大道 (圖片由 Sim 提供)

協和廣場

DAY 1 時尚、經典地標之旅（市區第八、十六區）

協和廣場（地鐵 1、8、12 號線於 Concorde 站下）▶

步行 2 分鐘 ▶ 香榭麗舍大道（地鐵 1 號線於 George V 站下）▶

步行 5 分鐘 ▶ 亞歷山大三世大橋（地鐵 8、13 號線於 Invalides 站下）▶

步行 13 分鐘 ▶ 凱旋門（地鐵 1、2、6 號線或 RER A 線於 Charles de Gaulle - Étoile 站下）

▶ 步行 15 分鐘 ▶ 夏洛特宮（地鐵 6、9 號線於 Trocadéro 站下）▶

步行 13 分鐘 ▶ 巴黎鐵塔（ RER C 線於 Champ de Mars - Tour Eiffel 站下）

拉法葉百貨

加尼葉歌劇院

雙風車咖啡館

聖心堂

DAY 2 音樂、藝術市集之旅（市區第二、十八區）

加尼葉歌劇院（地鐵 3、7、8 號線於 Opéra 站下）▶

步行 5 分鐘 ▶ 拉法葉百貨（搭地鐵 7 或 9 號線於 Chaussee d'Antin - La Fayette 站下）▶

轉搭 M12 地鐵 ▶ 小丘廣場 ▶ 步行 3 分鐘 ▶

聖心堂（地鐵 12 號線於 Abbesses 站下，往山丘方向步行 7 分鐘內可到）▶

步行 5 分鐘 ▶ 愛牆 ▶ 步行 12 分鐘 ▶ 雙風車咖啡館 ▶

步行 2 分鐘 ▶ 紅磨坊（地鐵 2 號線於 Blanche 站下）

DAY 3 浪漫婚紗攝影

　　帶著一顆期待又興奮的心，拜訪人生中最夢寐以求的法國著名景點，享受拍攝最美的婚紗照，捕捉今生的經典回憶。

• 白天拍攝建議景點：羅浮宮、巴黎鐵塔、夏洛特宮、凱旋門、亞歷山大三世大橋、戰神

1~3 白天的拍攝景點

1~2 夜晚的拍攝景點

　公園、羅丹美術館、塞納河畔、巴黎愛情橋、香榭麗舍大道、協和廣場、聖心大教堂、
比爾哈克姆橋（Pont de Bir-Hakeim）、孚日廣場
* 入夜拍攝建議景點：羅浮宮、亞歷山大三世大橋、巴黎愛情橋、香榭麗舍大道、凱旋門

杜樂利花園的小凱旋門

羅浮宮

藝術橋（圖片由 Sim 提供）

DAY 4　博物館知性之旅
　　　　（市區第一、四區行程，可善用 Museum Pass 三日券）

橘園美術館（地鐵 1、8、12 號線於 Concorde 站下）▶ 步行 1 分鐘 ▶ 杜樂利花園 ▶ 步
行 8 分鐘 ▶ 羅浮宮（地鐵 1、7 線於 Palais Royal Musee du Louvre 站下）▶
步行 6 分鐘 ▶ 藝術橋 ▶ 步行 8 分鐘 ▶ 聖禮拜堂（地鐵 4 號線於 Cité 站下）▶
步行 5 分鐘 ▶ 聖母院（地鐵 4 號線於 Cité 站下）▶
步行 15 分鐘 ▶ 孚日廣場（瑪黑區）

4

DAY 5 左岸甜蜜之旅（市區第六、七區甜點、藥妝行程）

巴黎傷兵院（地鐵 13 號線於 Varenne 站下）▶ 步行 2 分鐘 ▶ 羅丹博物館 ▶

步行 15 分鐘 ▶ ANGELINA 甜點 ▶

步行 15 分鐘 ▶ 左岸花神咖啡館（地鐵 4 號線於 Saint-Germain-des-Prés 站下）▶

步行 3 分鐘 ▶

Citypharma du Four Bonaparte 藥妝（地鐵 4 號線於 Saint-Germain-des-Prés 站下）▶

步行 2 分鐘 ▶ Pierre Hermé 甜點 ▶

步行 5 分鐘 ▶ 盧森堡公園（RER B 線於 Luxembourg 站下）▶

步行 6 分鐘 ▶ 萬神殿

| 1 花神咖啡館 | 3 羅丹博物館 |
| 2 傷兵院 | 4 ANGELINA 甜點 |

歐洲村

凡爾賽宮

巴黎迪士尼樂園

DAY 6　浪漫宮殿之旅（巴黎郊區行程）

凡爾賽宮（RER C 線於 Versailles - Château - Rive-Gauche 站下）▶ 搭 RER C 線 ▶
奧塞美術館（RER C 線於 Musée d'Orsay 站下）

DAY 7　童趣遊樂園之旅（Outlet行程）

巴黎迪士尼樂園（ RER A 線於 Marne-la-Vallée-Chessy 站下）▶ 搭 RER A 線 ▶
歐洲村（RER A 線於 Val d'Europe 站下）

雨天的婚紗蜜月行程建議

　　巴黎為宜人海洋性氣候，但舒適的氣溫難免會伴隨著雨季。若是沒辦法拍出漂亮的旅遊照，建議此時可先將行程順延，提前逛街購物或是參觀博物館。但萬一拍婚紗碰到雨季該怎麼辦呢？可先視下雨地區決定是否換至法國其他地區；假如雨量在能掌握的範圍，建議先從樹蔭、橋墩下和商店騎樓街開拍，或改移至古典的拱廊街、餐廳或咖啡店等小商家來拍攝。在此提供幾處備用景點，下雨天也能夠拍出相當唯美的婚紗照片。

- 比爾哈克姆橋（Pont de Bir Hakeim）：電影《全面啟動》場景
　地址：Quai de Grenelle, 75015 Paris
- 孚日廣場（Place des Vosges）：巴黎最古老的廣場，四周有浪漫的拱廊
　地址：Place des Vosges, 75004 Paris
- 羅浮宮黎塞留通道（Passage Richelieu）：可在這拍到羅浮宮金字塔
　地址：Passage Richelieu, 75001 Paris

孚日廣場

比爾哈克姆橋（圖片由 Michelle Chang 提供）

蜜月必敗的藥妝店　Citypharma

到了巴黎旅遊千萬別錯過位於第六區聖傑佩曼一帶的
Citypharma，超低價格吸引大批觀光客前來採購，在這裡
幾乎是人手一個購物籃，比一般店面還便宜 8% 至 15%。

對巴黎人而言，這間藥妝店非常傳統且平易近人，除
了提供基本的保養品和諮詢外，也提供許多男士保養品，
店內琳瑯滿目的商品應有盡有。好不容易來到這，當然要
為自己或是家人添購一些保養品、藥妝品，比較熱門的有
法國品牌貝德瑪（BIODERMA）卸妝水、薇姿（Vichy）
保溼乳、雅漾（Avène）化妝水、理膚寶水（La Roche-
Posay）精華液等。由於商品眾多，能提供英文服務的人
員又少，所以購買產品前記得先查明法文名稱，也可詢問
人員是否有新的促銷商品可試用。

info

Citypharma du Four Bonaparte
交通：地鐵 4 號線於 Saint-Germain-des-Prés 站下，2 號出口步行 3 分鐘可到
時間：平日 08:30~20:00。周六 09:00~20:00。公休周日
地址：26 Rue du Four, 75006 Paris
網址：www.pharmacie-paris-citypharma.fr

寄明信片

法國的郵局為「La Posté」，識別色為鮮黃色，logo 為飛行的藍色鴿子，郵局裡可以
匯款、寄信、送包裹、打電話、電報、基本影印及販售郵票等商品，較大間的還提供上
網或匯兌的服務。

巴黎市區各大景點、書報攤或紀念品店都有販售明信片，但價格有高有低，一張要
價 0.5 歐元左右，平均 10 張明信片為 2 至 3 歐元。如果要寄明信片回臺灣，20 公克以下
信件郵資為 0.95 歐元，書商攤販、Tabac 菸草店或旅客服務中心皆有販賣郵票；地址寫
中文即可，但切記要註明「Taiwan」，不需特別加註 R.O.C。明信片寫好之後，只要找到
郵局所設的黃色郵務筒，左邊 Paris Banlieue 是寄到大巴黎以內的區域，右邊 Etranger 指
的是國外地區，所以投入 Etranger 即可，基本上需要 10 天或將近三個禮拜的寄送時間。

書報攤   藥妝店

緊急求助

　　人在異鄉，難免會因為天氣或飲食習慣的改變而水土不服，除了出發前事先準備好日常使用的藥物外，也可於法國當地藥局購買，藥局的標誌通常為綠色十字並掛有「Pharmacie」字樣，可詢問駐店藥師視病情診斷用藥。另外，如有健保或購買海外旅遊醫療保險，記得請當地醫生開診斷證明（Medical Certificate）和醫療費用收據（Detailed Account），並於 6 個月內向中央健保局或保險公司申請補助理賠。

緊急求助電話

緊急救護：15
消防火警：18
報案：17
歐洲通用的緊急求助電話：112
外交部緊急聯絡電話：0800-085-095
駐法國臺北代表處急難救助行動電話：0680-074-994
旅外國人急難救助全球免費電話：800-0885-0885

個人重要文件遺失

出國前最好先影印備份重要文件，如護照、信用卡、機票、旅支等，並多準備幾張大頭照，放置在行李箱內。除了可避免日後文件遺失申請上的麻煩，作業也會比較快速。

護照遺失

先到附近警局報案，申請一份報案證明書（Police Report），內容包含遺失地點、遺失人姓名，並註明是護照遺失，然後前往駐法國臺北代表處申請補發。

所需文件如下：

• 填寫護照申請書
• 彩色照片 2 張
• 身分證明，最好提供身分證或原護照影本
• 法國警局開具的遺失證明書
• 護照規費：晶片護照為 33 歐元，普通護照為 23 歐元

info

駐法國臺北代表處 Bureau de Représentation de Taipei en France
（巴黎簽證組）

交通：地鐵 12 線於 Solférino 站下，步行 5 分鐘內可到
時間：平日 09:30~12:30、13:30~16:00
地址：78 rue de L'universite, 75007 Paris
電話：（33-1）4439-8830
傳真：（33-1）4439-8871
電子信箱：fra@boca.gov.tw
網址：www.roc-taiwan.org/FR

超實用的免費旅遊 App

　　海外出國自助旅遊，最常碰到的就是資料不夠齊全，想要趕快尋找資訊卻不夠迅速，若列印下來又不方便攜帶，所以往往規劃過程中總是非常繁複。身處於智慧型手機與行動網路的時代，聰明的消費者一定要學會利用簡便的方式，像是 App 的便捷搜尋功能，可以更快速即時找到你要的資訊，徹底顛覆過去舊有的旅遊習慣。現在各國旅遊中心、航空業者、飯店或訂票公司為了方便客戶，也都推出了簡單好用的旅遊程式，如即時查詢旅遊景點、飛機或火車的時刻表，甚至方便設計安排自己的旅遊程式等。本章節特別介紹免費又好用的 App，從住宿、機票、地鐵、旅遊求助指南等一手掌握，讓你在規劃海外旅行更加得心應手！以下介紹的 App 均適用於 Android 及 iOS 系統。

類型	ICON	名稱及功能介紹
訂房住宿		**Airbnb** 方便快速的民宿訂房，可以通過網站或手機發布、發掘和預訂世界各地的獨特房源。直覺式的界面方便搜尋，能依照價格、地區、人數挑選理想的出租公寓。網站中擁有許多精美的圖片，除了可參考各項房子的評價設施外，並提供各種樣式的民宿主題。
		Booking.com 遍布世界 200 個國家，為目前最大網上住宿預訂系統。簡易好用的功能，讓消費者更方便預訂住宿，且不定時推出優惠折扣。
		Hotels.com 提供全球 60 多個國家超過 240,000 的酒店及民宿。Hotels.com 特別的 Welcome Rewards 忠實客戶回饋計畫，只要累積 10 晚即免費贈送一晚住宿，適用全球 65,000 以上飯店，優惠不限制時間及國家，非常適合經常出差的旅客。
機票比價		**Expedia** 提供即時飯店和機票預訂服務。高質感的界面設計、獨有的即時航班更新，及重要的事件提醒功能，方便使用者無憂無慮的完成假期。高達 40% 的折扣優惠，無論預訂的是豪華假期、商務旅遊、廉價航空機票或一般飯店都非常方便。
		Skyscanner 目前最大的機票比價 App，提供搜尋範圍幾乎涵蓋全世界航空公司，其中包含不少新興的廉價航空。專業的程式可以模擬航班飛行區域及以價格樹狀圖來搜尋階段票價，能將路線航班新增為最愛，並自動計算各種直達或非直達轉乘航段交叉比價，對於經常使用廉價航空的族群來說，是找機票最快速的平臺。

類型	ICON	名稱及功能介紹
旅遊行程		**Evernote** 可靠的記錄行程，是旅遊好幫手，方便使用者隨時記錄行程、旅遊日記，只要複製貼上網頁的照片或地圖，就可簡簡單單完成資料蒐集等。另外，程式支援多種平臺並提供雲端備份功能，無論在任何電腦、平板、智慧型手機等都可以登錄，隨時編輯瀏覽！
景點查詢		**TripAdvisor** 非常受歡迎的旅遊社群，提供大量酒店、餐廳、景點及活動訊息。網站特點是擁有超過 1,000 萬的註冊會員以及龐大的數據庫，能夠依據消費者使用過的住宿和景點旅遊相關評價，方便使用者參考選擇。
線上地圖		**Google Maps** 目前最方便好用的地圖程式，提供 360° 全景模擬、街景服務、路線規劃、定位導航等功能，也可導入或分享景點地圖照片，使用者只要輸入設定便可下載離線區域地圖。
		Rome2rio 最方便的路線規劃平臺，提供精準的旅遊路線服務，針對出發地和目的地之間的多種交通方式、票價與訂票資訊。直覺式的界面，擁有大量交通數據，為使用者提供多方案的旅遊路線，包括航班、火車、公共汽車、地鐵、輪船以及自駕路線等等。
離線地圖		**Maps With Me** 提供離線瀏覽地圖功能，除了速度快，不限地圖下載次數，並支援續傳下載功能。目前有付費 Pro 版和免費 Lite 兩個版本，Pro 版可以查詢附近的特色景點及建立書籤功能，但如果只是需要查看離線地圖和使用衛星定位，Lite 版已經非常方便。
		TripAdvisor Offline City Guides 提供豐富的離線版旅遊書資料，可下載各大城市旅遊指南，網站及程式裡可搜尋當地的吃、喝、玩、樂、交通、住宿、地圖及相關評比等資料。
		Paris Travel Guide and Offline City Map 提供巴黎當地離線旅遊地圖，並有旅遊指南可搜尋當地的景點、餐廳、交通、住宿等資料。
		Paris Metro - Map and Route Planner 方便好用的巴黎離線地鐵地圖，程式可以點對點規劃路線，以及精準的定位系統方便尋找所在位置。

類型	ICON	名稱及功能介紹
車票交通		**RATP** 巴黎官方地鐵程式提供當地公車、地鐵、RER、電車的時刻表，可利用地圖功能搜尋站點資訊，並有定位服務規劃交通路線。
		Voyages-sncf.com 法國鐵路官方提供的 App，提供個人化的旅程設定，直接訂購火車票，透過二維條碼辨識系統，無須列印票券。
		SNCF Direct 官方提供的法國鐵路概況程式，包含大部分法國遠程路線和 Transilien 線系統，即時入站出站的火車資訊及廣播電臺，可隨時與朋友分享旅程訊息。
照片分享		**Instagram** 是結合旅遊拍照和社群功能的最佳利器，多款濾鏡框式，能讓任何照片變成新潮復古的風格，即時記錄並分享在各大 Facebook、Twitter 等社群網站。
網路搜尋		**Free Wi-Fi Finder** 目前已涵蓋全球 145 個國家，超過 60 萬個免費 Wi-Fi 熱點。這款搜尋程式結合了 Google Map 系統，能夠根據目前位置，幫你找到提供免費或付費的 Wi-Fi 網路及距離，隨時隨地方便上網。
貨幣轉換		**XE Currency** 熱門的匯率換算程式，除了提供及時的換算匯率，還同時具備了計算機及匯率走勢功能，可根據你身處的國家自動變換目前預設貨幣。
天氣預測		**The Weather Channel** 提供世界主要的城市氣象，可查詢即時天氣、日出日落時間、降雨機率、36 小時內或未來 10 天的天氣狀況預測。
線上翻譯		**Google Translate** 出國必備的翻譯軟體，支援多種語言翻譯及朗讀功能，簡單的操作介面，也能使用語音功能輸入查詢。
旅遊求助		**旅外救助指南 TravelEmergencyGuidance** 為外交部領事事務局提供的旅遊免費程式，能隨時隨地了解世界各國資料、天氣、匯率、旅遊警示、簽證以及駐外館的聯絡電話等資訊。

國家圖書館出版品預行編目資料

巴黎夢幻自助婚紗 / Iris, Eddie著.
-- 初版. --
臺北市：華成圖書，2014.10
　面；　公分. --（玩味系列；B0807）
ISBN 978-986-192-223-2（平裝）

1. 自助旅行 2. 結婚 3. 法國巴黎

742.719　　　　　　　　　　　　　103016494

玩味系列　　B0807

巴黎夢幻自助婚紗

作　　者／Iris、Eddie

出版發行／ 華杏出版機構
　　　　　華成圖書出版股份有限公司
　　　　　www.farreaching.com.tw
　　　　　台北市10059新生南路一段50-2號7樓
　　　　　戶　　名　華成圖書出版股份有限公司
　　　　　郵政劃撥　19590886
　　　　　e-mail　huacheng@farseeing.com.tw
　　　　　電　　話　02－23921167
　　　　　傳　　真　02－23225455
　　　　　華杏網址　www.farseeing.com.tw
　　　　　e-mail　fars@ms6.hinet.net
　　　　　華成創辦人　　郭麗群
　　　　　發 行 人　　蕭聿雯
　　　　　總 經 理　　熊芸
　　　　　法律顧問　　蕭雄淋‧陳淑貞

　　　　　總 編 輯　　周慧琍
　　　　　企劃主編　　蔡承恩
　　　　　企劃編輯　　林逸叡
　　　　　執行編輯　　袁若喬
　　　　　美術設計　　林亞楠
　　　　　印務主任　　蔡佩欣

定　　價／以封底定價為準
出版印刷／2014年10月初版1刷

總 經 銷／知己圖書股份有限公司
　　　　　台中市工業區30路1號　　電話　04-23595819　　傳真　04-23597123

☺讀者回函卡

謝謝您購買此書，為了加強對讀者的服務，請詳細填寫本回函卡，寄回給我們（免貼郵票）或 E-mail至huacheng@farseeing.com.tw給予建議，您即可不定期收到本公司的出版訊息！

您所購買的書名/_____　購買書店名/_____

您的姓名/_____　聯絡電話/_____

您的性別/□男 □女　　您的生日/西元_____年____月____日

您的通訊地址/□□□□□_____

您的電子郵件信箱/_____

您的職業/□學生　□軍公教　□金融　□服務　□資訊　□製造　□自由　□傳播
　　　　　□農漁牧　□家管　□退休　□其他

您的學歷/□國中（含以下）　□高中（職）　□大學（大專）　□研究所（含以上）

您從何處得知本書訊息/（可複選）

□書店　□網路　□報紙　□雜誌　□電視　□廣播　□他人推薦　□其他

您經常的購書習慣/（可複選）

□書店購買　□網路購書　□傳真訂購　□郵政劃撥　□其他_____

您覺得本書價格/□合理　□偏高　□便宜

您對本書的評價（請填代號/ 1. 非常滿意 2. 滿意 3. 尚可 4. 不滿意 5. 非常不滿意）

封面設計_____　版面編排_____　書名_____　內容_____　文筆_____

您對於讀完本書後感到/□收穫很大　□有點小收穫　□沒有收穫

您會推薦本書給別人嗎/□會　□不會　□不一定

您希望閱讀到什麼類型的書籍/_____

您對本書及我們的建議/

廣 告 回 信

台 北 郵 局 登 記 證

台 北 廣 字 第 0 0 0 5 2 6 號

免 貼 郵 票

華杏出版機構

華成圖書出版股份有限公司　收

台北市10059新生南路一段50-1號4F　TEL/02-23921167

（沿線剪下）

（對折黏貼後，即可直接郵寄）

☺ 本公司為求提升品質特別設計這份「讀者回函卡」，懇請惠予意見，幫助我們更上一層樓。感謝您的支持與愛護！

www.farreaching.com.tw　　請將　B0807　「讀者回函卡」寄回或傳真 (02) 2394-9913